MAGIC MYSTERY MUSIC

MIT STARK ERWEITERTE NEUAUSGABE

VON GERD STEINKOENIG

MUSIC IS SOUL

6 VORWORTE - 3 x NEU, 3 x letztes Buch

MAGIC MYSTERY MUSIC MIT STARK ERWEITERTE NEUAUSGABE

Die legendäre Musik aus allen Jahrzehnten bis 2025

Mit Elvis, The Beatles, Genesis, Pink Floyd, Led Zeppelin, Neil Young, Deep Purple - bis 2025

Meine Nachtigallen von Kate Bush, Sade, Tina Turner, Janis Joplin, Edith Piaf - bis 2025

Meine Lebensalben, Historyalben, Feelalben, Partyalben - bis 2025

Bis 2025! Denn ab jetzt ist totale Zeitenwende mit der New World Order ab 2025

Daher kommt das große Popular Music - Buch mit Good Old Times bis 2025

Die alten Zeiten, als die USA noch Demokratie war

Die alten Zeiten, wo noch Meinungsvielfalt, Individualität, Freiheit war

Die alten Zeiten über Woodstock 1969, Live Aid 1985, die letzte Beatles-Single 2023

Die alten Zeiten über Miles Davis 1959, die Stones 1968, Pink Floyd 1973, U 2 1987....

.....bis 2025....

The Lamb Lies Down On Broadway (Genesis 1974)

The Idiot Lies Down On Broadway (Trump 2025)

C P Gerd Stein Gerd Steinkoenig 11.03.2025

VERSCHWOMMEN, VERGESSEN, VERWITTERT, IRGENDWANN

Meine Musikalben (offiziell gesammelt seit 1976), meine eigenen ISBN-Books (seit 2017), meine DVDs, meine Videos, meine 5-teilige OK-KL-TV-Musikshow SMOKE (2013/2014), mein Vater (1935-2017), meine Mutter (seit 1938), mein Großvater (1895-1987), meine Verwandten, meine Freundinnen, meine Freunde, meine Jobs, meine 2 Lieblingsbäume, meine Gedanken, meine Erinnerungen, meine Erfahrungen, meine Erlebnisse, meine Musik, meine TV-Serien, meine Filme, mein Sport, meine Lebensgeschichte, meine Geschichte, meine Gespräche, meine Diskussionen, meine Gerechtigkeit, meine Windmühlen, meinen Schlaganfall, meine diversen Leben, meine Entwicklungen, meine Fortschritte, meine positiven Energien, meine Zeit, meine Zeitoasen, meine Zeitgeister, meine "richtigen" Bücher, meine Wälder, meine Natur, meine Dörfer, meine Städte, meine Haustiere, moi Katzemäädsche Molly und und und...

Verschwommen, vergessen, verwittert, irgendwann!? Mein Geist, meine Seele lebt weiter...

Auf der Erde dann doch irgendwann vergessen!? Nur noch verschwommen von Vater!? Nur noch Erinnerungen!? Oder immer noch ab und zu mit meinem Vater Streitgespräche... Wer weiß schon, was 1976 war!? Bei den Jüngeren sind Mainstream-Vorurteile über die Langhaarigen, Boney M und Abba - und nix mit den positiven Jobs 1976 (echte

Mitbestimmung!) und nix mit Led Zeppelin und die frühen Progrock-Genesis. OK, heute wissen tatsächlich junge Leute über den Zeitgeist von 1976 und Led Zeppelin. Im Jahr 2094 ist nur das 20. Jahrhundert mit Frank Sinatra, Elvis Presley, The Beatles, Pink Floyd... Hm, sind wegen der Political Correctness die Rolling Stones und Madonna noch da? Wenn doch Genesis, dann Chartpop-I Can't Dance und nix mit Progrock-Supper's Ready... Bin mal gespannt, wie lange irgendwo meine ISBN-Books noch da sind, durch die vielen Leute in diversen Orten von Wien bis Fuerteventura bis Dortmund, Landau, Annweiler... Andererseits bin ich ja in der Deutschen Nationalbibliothek "ewig" - es sei denn durch einen krassen Politikwechsel... Vielleicht sind meine CDs in 50 oder 70 Jahren noch da, wenn im Jahr 2083 ein 16jähriger eine dieser altertümlichen CDs hört und aufeinmal ist Genesis-Comeback über das Album The Lamb Lies Down On Broadway (1974) und wundert/freut sich über die über 100 Jahre alten Songs...

Die irdische Vergessenheit ist wohl real... Iss halt so... Weil es Menschen sind? Oder - Paradoxum - durch den EntdeckerGen 2083 doch nach einer Ausgrabung doch die The Lamb Lies Down On Broadway von Genesis zu hören...

C P Gerd Stein Gerd Steinkoenig 10. März 2025 (II)

Foto: der Autor (kleine Auswahl von meinen ISBN-Books)

MUSIK IN 3 BUCH-ZÜNDUNGEN

1. Stufe Weit weg weg Teil 4 mit meiner "Hall of Fame" mit Jahresalben

2. Stufe Magic Mystery Music mit der Hall of Fame, plus viele, viele weitere Alben, plus Infos

3. Stufe gerade in Bearbeitung Magic Mystery Music mit erweiterter Ausgabe!! Mit noch weiteren Alben, plus The Music-Best aus meinen alten Books, plus weitere Infos, Songtexte, Lyrics!

Diesmal hab ich echt DIE Perfektion! Im Endeffekt ist es sogar cool mit diesen 3 Books, durch diese Fortsetzungen - oh, das Album ist auch da, oder man müsste gucken über die vielen 1977er Alben (in 3 Büchern). Und ich hab endlich meine Lebensalben! Aber: zu Stufe 3 war tagelang bei mir im Kopf, ich hab Kansas vergessen - garantiert hab ich womöglich dann doch was vergessen... Iss auch klar: diese 3 Books und das wars... PS: in Stufe 1 sind viele, schöne Fotos dabei!

C P Gerd Stein Gerd Steinkoenig 10. März 2025

Foto: Bild zu Stufe 3 (der Autor)

Led Zeppelin
Remaster
Medien Center HÖHL
CAN LIVE IN PARIS 1973

DREI VORWORTE

Der 5. Tag... Nach 3 Tagen für mein letztes Buch für meine 5 Seiten Rock n Pop - Musikalbenliste (kauft mich bei #Amazon), waren gestern und heute nochmal... Sage und schreibe über 80 (!!) Alben dazu! Wenn ich Perfektion will... Meine absolute Lieblinge, meine Geheimtipps, meine Zeitoasen - fast alles dabei mit Rock, Progrock, Hardrock, Pop, Dance, Krautrock, Deutschrock, Schlager und und...

Mein INHALT zum neuen ONLY MUSIC-Buch:

1 Die Rock n Pop - LifeYearsMusikalbenliste vom letzten Buch

2 Viele, viele weitere Musikalben mit Magical Mystery LifeYears

3 Infos einiger Alben mit Wikipedia, der Autor, Musikliteratur...

C P Gerd Steinkoenig Gerd Stein 24.02.2025

Mittlerweile hab ich meine geilste, musikalischste, rockigste, poppigste, schönste, lebendigste Rock n Pop-Albenliste!! Es war vorbei... Letzte Buch war in Druck.... Buch darf man kaufen bei amazon... Ihr lacht, aber ich BRAUCH das neue zukünftige Buch (nur diese Alben mit Infos von mir, Wikipedia, Eclipsed etc) Und ich wollte endlich meine perfekteste Albumliste-Werk! Es ist NIE perfekt! Hatte heute schonmal ein Post von ca 60 Lifegerd-Alben. Später dann nochmal... Das und das muss auch noch... Denn mittlerweile sind es so viel, das ich von der Relation dachte: ach nochmal von Genesis oder Neil Young etc... Und natürlich wieder alte Juwelen rausgekramt... In meinen LIFEGERD-Alben sind kleine Nischen, kleine Zeitoasen, kleine Erinnerugen von Plattenläden, Freund:innen über dies & das - Alben, Zeitgeister, vergessene Alben (zB Wer kennt überhaupt die Trance Formation von Eberhard Schoener?!?), diese Alben sind mein Leben durch vielen Nuancen! Nobody ist perfect - falls ich doch wieder Alben vergessen habe... Und mein Leben ist meine Musik: viele Alben aus den 70ern und 80ern mit neuen Sounds, Neugierde, Überholspur, Plattensammler-Virus... Ca 1995 oder 96 (im Endeffekt auch schon 1993) ging mein "Album-Level" runter durch mein Leben mit anderen Situationen, daher sind in der Liste ab Mitte der 90er nur eine Zugabe. Jetzt bin ich seit ca 2020 "Musikalben-Museumswärter" und hege und pflege meine

Sammlung und vervollständige meine "Lebensmusiksammlung" (obwohl ich von der Liste her noch viele Alben bräuchte, obwohl ja doch viele "Listenalben" in der Sammlung sind, obwohl viele Alben ja früher da waren- aber in Vinyl, leider Dezember 2017 zu 98% entsorgt). Die größte Priorität ist mein Musikleben mit zeitlosen Songs von Time (Pink Floyd) bis Fading Lights (Genesis), die größte Priorität sind meine kreativen neuen Musikideen, zB gerade jetzt von dieser Rock n Pop - Albenliste aus den vergessenen Nischen zB das Piktors Verwandlungen -Album von Anyone's Daughter wieder erwerben... Andererseits: es gibt ja YouTube... Allerdings: es muss ein richtiges Album sein - wie bei meinen ISBN-Books mit Papier und der Buchgeruch...

C P Gerd Stein Gerd Steinkoenig 23.02.2025 (ääh Die zweite Version, lach)

Minstrel in The Gallery - Jethro Tull 1975

Who's Afraid of ... - The Art of Noise 1985

Mensch-Maschine Kraftwerk 1978

Are You Experienced Jimi Hendrix 1967

Wenn die Nacht am tiefsten ... Ton Steine Scherben 1975

Gesellschaftsspiel - Bernie's Autobahnband 1984

Die vierte Version... Mit meinen Lebens/Jahres-Musikalben... Es wurde schon gedruckt in meinem neuen/letzten Buch mit wirklich vielen, tollen Alben! Bei mir waren 3 oder 4 Alben: schade vergessen, und es war jeden Tag in meinem Kopf... Ich wollte NIE mehr ein neues Buch schreiben! Und ich jedesmal nein nein nein: denn es ist nie vollständig. Heute dann recherchiert und aus den 3 oder 4 hatte ich aufeinmal ca 60 (!!) Alben hinzugefügt... In JEDEM Musikalbum hab ich meine Geschichte, Erinnerungen, Menschen etc. Ich schreib dann doch, aber NUR mit den Alben: diese sehr erweiterte Albenliste, plus Wikipedia-History, Gerd-History, Musikhefte-History, Musikliteratur-History! Vielleicht hätte ich ENDLICH mein bestes Musikbuch dabei...

Foto: der Autor 23.02.2025 aus dem Notizbuch...

C P Gerd Steinkoenig Gerd Stein 23.02.2025

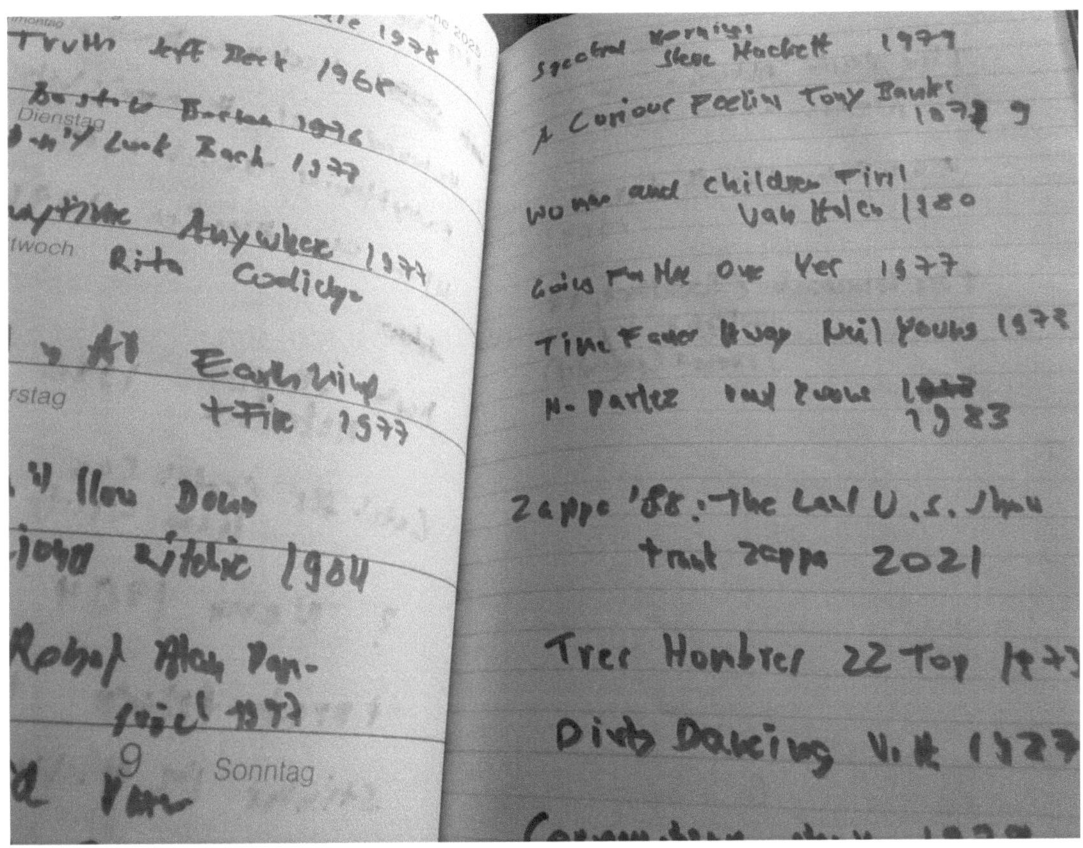

Anmerkung nach den 3 Vorworte: es müssten sogar schon 100 sein... Ich weiß es erst richtig, wenn ich's hier geschrieben habe...

KAPITEL 1

MEINE ROCK n POP - MUSIKALBUMLISTE aus meinem Buch Nr 76 " Weit weg weg TEil 4...":

Deutsche Verkaufsalbumcharts vom 18. Februar 1985 (Eclipsed, März 2025)

11. Februar um 22:11 ·

NEUVERSION!! Uff, nun zum Dritten Mal...

Über mein Rock n Pop-Leben, Erinnerungen, Gefühle, History!

History-Beispiel: 1965 kannte ich nicht über Rubber Soul, da

war ich 6... Oder die Dark Side von 73 - kennengelernt 76...

Und natürlich Erinnerungen/Suggestionen/Gefühle, zB über

die On Time (wegen Heartbreaker) oder wieder die Dark Side

über diverse Frauen oder 76er Alben von Genesis etc etc...

Natürlich ist viel dabei in meiner Sammlung - aber sooo

eine MegaBox mit all diesen Alben!! Denn vieles ist leider nicht da!

Endlich eine Albenliste mit relativer Perfektion! Denn ich hatte zig

Listen bei meinen ISBN-Books, aber... Diesmal endlich yeah!

Ist auch klar: man hat nie alle Alben, aber diesmal!!

JAHRESALBEN 1965- 1995 (The Golden Years of Rock n Pop by Gerd)

1965 Rubber Soul (The Beatles)

1966 Revolver (The Beatles)

1967 Sgt Pepper... (The Beatles)

    Disraeli Gears (Cream)

    The Velvet Underground and Nico (dto)

    The Doors (The Doors)

1968 Beggars Banquet (Rolling Stones)

    The Beatles (The Beatles)

1969 Ummagumma (Pink Floyd)

    Abbey Road (The Beatles)

    II (Led Zeppelin)

    On Time (Grand Funk Railroad)

    Blind Faith (Blind Faith)

1970 Woodstock (Soundtrack, V.A.)

    In Rock (Deep Purple)

1971 Sticky Fingers (Rolling Stones)

IV (Led Zeppelin)

Aqualung (Jethro Tull)

What's Going On (Marvin Gaye)

1972 Made In Japan (Deep Purple)

Harvest (Neil Young)

Foxtrot (Genesis)

1973 Selling England By The Pound (Genesis)

The Dark Side Of The Moon (Pink Floyd)

Yessongs (Yes)

1974 The Lamb Lies Down On Broadway (Genesis)

Ball Pompös (Udo Lindenberg)

Sweet Fanny Adams (Sweet)

1975 Wish You Were Here (Pink Floyd)

A Night At The Opera (Queen)

1976 Songs In The Key Of Life (Stevie Wonder)

A Trick Of The Tail (Genesis)

Wind and Wuthering (Genesis)

Tales Of Mysrery And Imagination (Alan Parsons Projekt)

Hotel California (Eagles)

X (Chicago)

The Song Remains The Same (Led Zeppelin)

Agents Of Fortune (Blue Öyster Cult)

1977 Nina Hagen Band (Nina Hagen Band)

Saturday Night Fever (Soundtrack, V.A.)

Heroes (David Bowie)

Animals (Pink Floyd)

Rumours (Fleetwood Mac)

Running On Empty (Jackson Browne)

Seconds Out (Genesis)

World Of Today (Supermax)

1978 The Kick Inside (Kate Bush)

...and then there were three (Genesis)

Watch (Manfred Manns Earthband)

Heavy Horses (Jethro Tull)

Easter (Patti Smith)

Tres Chic (Chic)

1979 Lovedrive (Scorpions)

The Wall (Pink Floyd)

Bad Girls (Donna Summer)

Joe's Garage Act One (Frank Zappa)

Highway To Hell (AC/DC)

1980 Zenyatta Mondatta (The Police)

Paris (Supertramp)

1981 Ghost In The Machine (The Police)

Red Skies Over Paradise (Fischer Z)

1982 IV (Toto)

Love Over Gold (Dire Straits)

Thriller (Michael Jackson)

85555 (Spliff)

1983 Synchronicity (The Police)

1984 Private Dancer (Tina Turner)

Diamond Life (Sade)

Born In The USA (Bruce Springsteen)

Zwesche Salzjebäck und Bier (BAP)

Perfect Strangers (Deep Purple)

1985 Brothers In Arms (Dire Straits)

Hounds Of Love (Kate Bush)

Misplaced Childhood (Marillion)

1986 Black Celebration (Depeche Mode)

Invisible Touch (Genesis)

So (Peter Gabriel)

1987 The Joshua Tree (U2)

1988 Tracy Chapman (Tracy Chapman)

1989 Like A Prayer (Madonna)

Freedom (Neil Young)

1990 Blue Sky Mining (Midnight Oil)

1991 Nevermind (Nirvana)

Use Your Illusion I & II (Guns N Roses)

Achtung Baby (U2)

Out Of Time (R.E.M.)

1992 Automatic For The People (R.E.M.)

Ten (Pearl Jam)

1993 Bat Out Of Hell II: Back Into Hell (Meat Loaf)

3 Years, 5 Months, 2 Days In The Life of... (Arrested Development)

1994 Unplugged In New York (Nirvana)

Voodoo Lounge (Rolling Stones)

Dummy (Portishead)

1995 Medusa (Annie Lennox)

(What's The Story) Morning Glory? (Oasis)

C P Gerd Steinkoenig Gerd Stein 11./12./13. Februar 2025

PS: kleiner Nachschlag nach 1995 mit

1997 OK Computer (Radiohead)

2002 A Rush Of Blood To The Head (Coldplay)

2005 Curtain Call -The Hits (Eminem)

2011 Barrikaden von Eden (Söhne Mannheims)

2013 Now What ?! (Deep Purple)

2015 Black Star (David Bowie)

2024 Live in Paris 1973 (Can)

Anmerkung des Autors zu Kapitel 2: ich wollte die Alben zu den Jahren einfädeln, aber

1 zu viel Arbeit, weil man Alben vergessen könnte, durch den Durcheinander, denn zB 1977, dann 1995, dann 1977, dann 1968, dann 1982, boah...

2 es ist sogar besser: die Golden Age-Musikalbum-Liste als eine Art Hall of Fame! Und in Kapitel 2 ist es wie beim Hören aus den 70ern, 80ern mit Vinyl oder CDs: erst Genesis 1991, dann Jimi Hendrix 1967, dann LInda Ronstadt 1977... Ist nachfolgend dazu dabei...

3 es wäre wohl übersichtlicher, wenn alle Alben in den Jahren dabei wären, wenn man alle Musiker hätte, zB 1977 oder 1987 oder 1994, aber: siehe 1, siehe 2...

Ein paar History-Fotos, dann kommt Kapitel 2

Classic Rock Magazine

21. Februar um 17:55 ·

Today in 1967, Pink Floyd began recording their debut album, The Piper At The Gates Of Dawn, at Abbey Road Studios in North London.

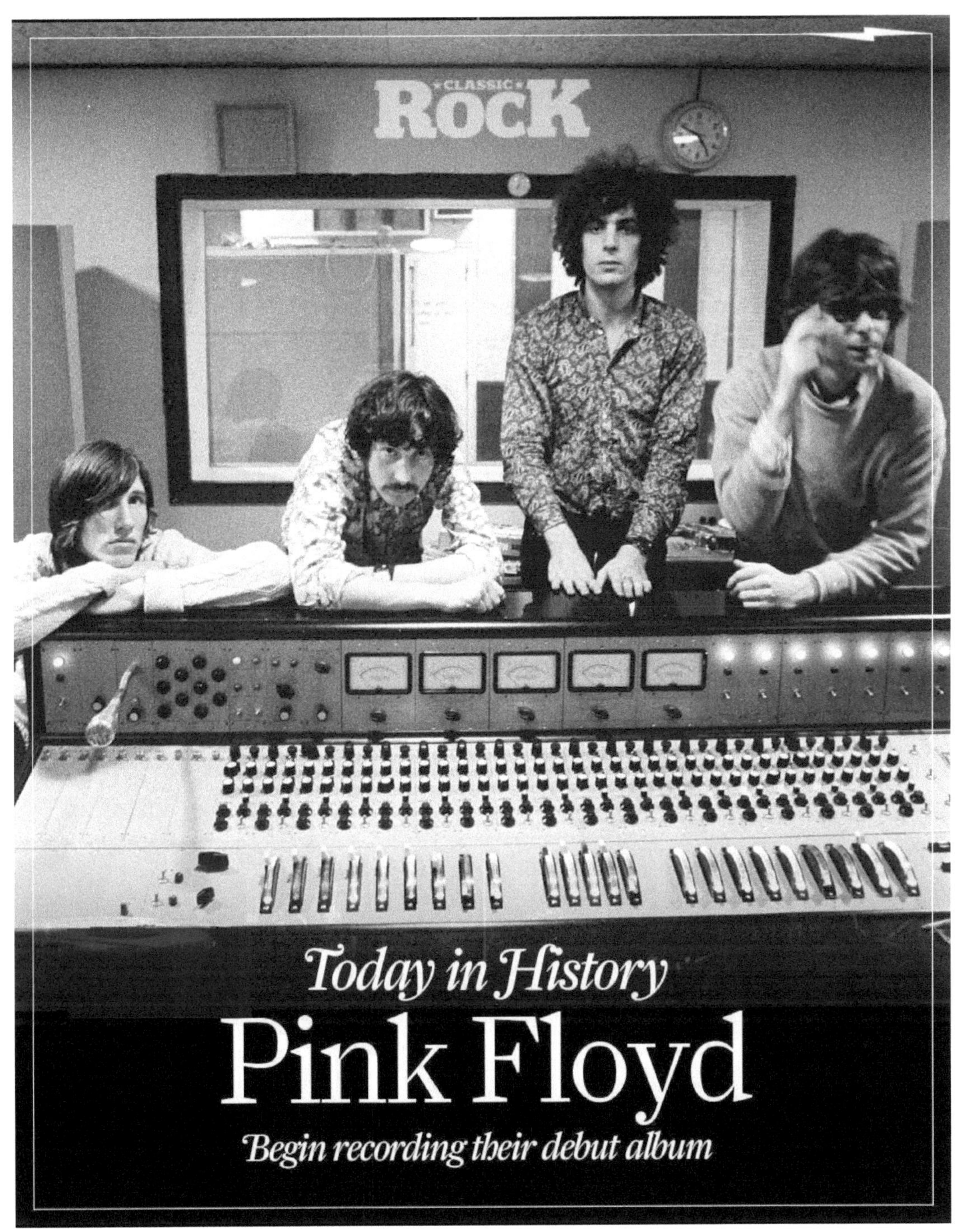

Today in History
Pink Floyd
Begin recording their debut album

Admin

Mitglied mit herausragender Beteiligung

· 18. Februar um 13:18 ·

Linda Ronstadt, Rosanne Cash, Joan Baez, Lucinda Williams, Emmylou Harris, Bonnie Raitt, Margo Price and Jackson Browne at the Sweet Relief Musicians Fund benefit concert on Saturday night at the Masonic in San Francisco on 2/8/2025..

📷 by Jay Blakesberg

OMG!! Linda Ronstadt links, anscheinend im Rollador. In den 70ern war Linda echt die Geilste, hab noch das Innencover von Lindas Album Simple Dreams... Im Endeffekt ist es Blödsinn, das so zu schreiben. Aus meinen Menschen und auch ich, wie man sich verändert aus dem Alter und/oder aus dem Leben. Aber Linda!!!!!!

GENESIS, meine Lieblingsband, jung und alt...

Kate Bush!! (Quelle: unbekannt, war bei facebook). Meine Lieblingssängerin vom ersten Tag an!! Meine ewige Fee...

Kate Bush ist bei Kapitel 1 zwei x, in Kapitel 2 ein x. Waren bei den Fotos die Alben dabei oder nicht? Nun, die MAGICAL LIFEYEARS ALBEN - LISTE!!

KAPITEL 2

MEINE MAGICAL MYSTERY LIFEYEARS-ALBEN

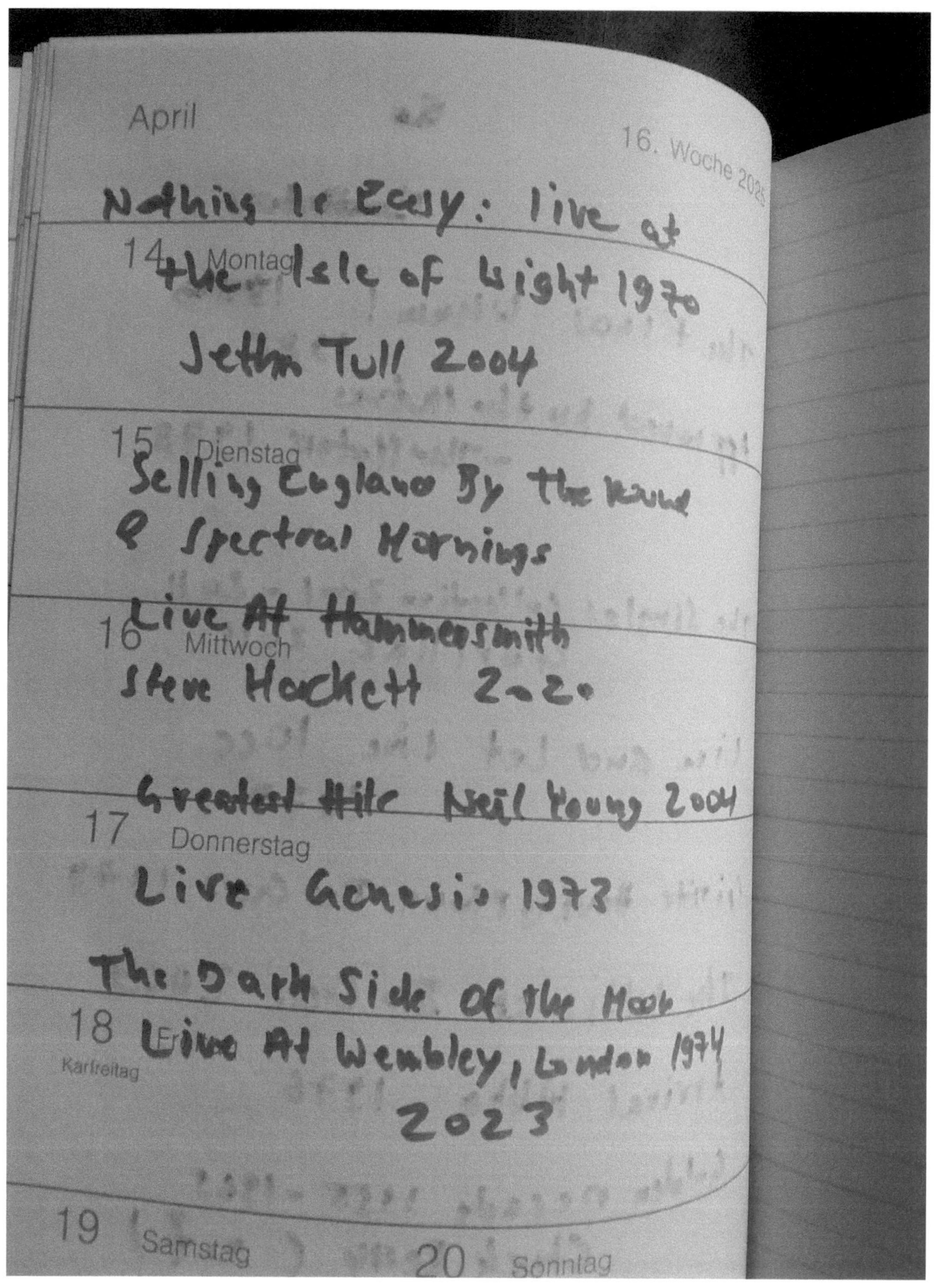

Tag 6... Die 17. Seite... Jetzt darf ich arbeiten zu Kapitel 2 zu meinem Magical Mystery Music - Buch... Das erste Buch, das bewusst ein Bestseller sein soll! Na ja, ok, wenigstens 30 oder 40 oder woow FÜNFZIG... (25. Februar 2025)

Slippery When Wet (Bon Jovi 1986)

Kind Of Blue (Miles Davis 1959)

The Album (Abba 1977)

Construction Time Again (Depeche Mode 1983)

Hysteria (Def Leppard (1987)

Night Songs (Cinderella 1986)

BBC Broadcasts (Genesis 2023)

One (The Beatles 2000)

Tubular Bells (Mike Oldfield 1973)

Ideal (Ideal 1980)

First Time on LP (Grandmaster Flash & The Furious Five 1983)

Discovery (E.L.O. 1979)

Legend (Bob Marley 1984)

Sweet Heart Of The Rodeo (The Byrds 1968)

Nothing Like The Sun (Sting 1987)

Actually (Pet Shop Boys 1987)

Pulse (Pink Floyd 1995)

Gazebo (Gazebo 1983)

für usezeschnigge (BAP 1981)

Sind so kleine Hände (Bettina Wegner 1979)

Wenn meine Lieder nicht mehr stimmen (Bettina Wegner 1980=

7 Lieder (Hannes Wader 1972)

Weckerleuchten (Konstantin Wecker 1976)

Aladdin Sane (David Bowie 1973)

Darkness On The Edge Of Town (Bruce Springsteen 1978)

MTV Unplugged (Udo Lindenberg 2011)

Dig The New Breed (The Jam 1982)

Madonna (Madonna 1983)

Human's Lib (Howard Jones 1984)

Touch (Eurythmics 1983)

Wings Over America (Wings 1976)

Master Of Puppets (Metallica 1986)

Catch As Catch Can (Kim Wilde 1983)

? (Nena 1984)

Parade (Prince 1986)

Stinker (Marius Müller-Westernhagen 1981)

Paralell Lines (Blondie 1978)

Truth (Jeff Beck Group 1968)

Boston (Boston 1976)

Don't Look Back (Boston 1978)

Anytime Anywhere (Rita Coolidge 1977)

All n All (Earth Wind & Fire 1977)

Can't Slow Down (Lionel Ritchie 1984)

I Robot (Alan Parsons Projekt 1977)

Pyramid (Alan Parsons Projekt 1978)

Spectral Mornings (Steve Hackett 1979)

A Curious Feeling (Tony Banks 1979)

Women And Children First (Van Halen 1980)

Going For The One (Yes 1977)

Time Fades Away (Neil Young 1978)

No Parlez (Paul Young 1983)

Zappa '88: The Last U.S. Show (Frank Zappa 2021)

Tres Hombres (ZZ Top 1973)

Dirty Dancing (Soundtrack, V.A., 1987)

Cornerstone (Styx 1979)

The Party Album (Alexis Korner 1979)

Easy Rider (Soundtrack, V.A., 1969)

The Graduate (Soundtrack, V.A., 1968)

Little Criminals (Randy Newman 1977)

War (U2, 1983)

Moving Pictures (Rush 1981)

Schneider with the Kick (Helen Schneider 1981)

Breakout (Helen Schneider 1983)

One Nation Under A Groove (Funkadelic 1978)

Pampered Menial (Pavlov's Dog 1975)

Budapest (Manfred Mann's Earthband 1984)

The True About Love (Pink 2012)

Crime Of The Century (Supertramp 1974)

Even In The Quietest Moments (Supertramp 1977)

Unbehagen (Nina Hagen Band 1980)

Caverna Magica (AndreasVollrnweider 1983)

KLEINE PAUSE, DANN DIE WEITEREN ALBEN...

Wie war mein Geschmack zB 1977, 1986, 1991?!

Sind ja immer Zeitgeist, Zeitoase, Erinnerungen!

Meine Alben = mein Leben!!

Wie ich drauf war... Oder LP-Nischen für kleine Zeit!

Classic throwback

21. Februar um 10:30 ·

THE BEATLES ON ABBEY ROAD

UND WEITER MIT MAGICAL MYSTERY LIFEGERDALBEN:

Trance Formation (Eberhard Schoener, feat Sting, Andy Summers, 1977)

TTime To Turn (Eloy 1982)

Minstrel In The Gallery (Jethro Tull 1975)

Who's Afraid of... (The Art Of Noise 1985)

Mensch-Maschine (Kraftwerk 1978)

Are You Experienced (Jimi Hendrix 1967)

Wenn die Nacht am tiefsten... (Ton Steine Scherben 1975)

Gesellschaftsspiele (Bernie's Autobahnband 1984)

Celebrate! (Kool & The Gang 1980)

Piktors Verwandlungen (Anyone's Daughter 1981)

The Concert In China (Jean Michel Jarre 1982)

Epsilon In Malaysian Pale (Edgar Froese 1975)

Meddle (Pink Floyd 1971)

We Can't Dance (Genesis 1991)

1962-66 (The Beatles 1973)

1967-70 (The Beatles 1973)

Back In Black (AC/DC 1980)

Asia (Asia 1982)

American Idiot (Green Day 2004)

The Rising (Bruce Springsteen 2002)

Live Rust (Neil Young 1979)

Zoolook (Jean Michel Jarre 1984)

Raveland (Marusha 1994)

Oasis (Jim Messina 1979)

Face Value (Phil Collins 1981)

The Harlequin, the Robot and the Ballet Dancer (Sven Väth 1994)

Over The Hump (The Kelly Family 1994)

Sailing To Philiadelphia (Mark Knopfler 2000)

Kissing To Be Clever (Culture Club 1982)

Whitney (Whitney Houston 1987)

Ich will leben (Peter Maffay 1982)

Live '82 (Peter Maffay 1982)

Da Capo (BAP 1988)

Biscaya (James Last 1989)

Stimme der Sehnsucht (Alexandra 1992)

Lieder der Nacht Special Edition (Marianne Rosenberg 2004)

Simple Dreams (Linda Ronstadt 1977)

Frampton Comes Alive (Peter Frampton 1976)

Script For A Jester's Tear (Marillion 1983)

Fugazi (Marillion 1984)

The Album (Edith Piaf 2015)

Best Of Artist Of The Century (Elvis Presley 2000)

The Number Of The Beast (Iron Maiden 1982)

Best of... (Boney M 2011)

Never For Ever (Kate Bush 1980)

Song Review - A Greatest Hits Collection (Stevie Winder 1996)

The Very Best of... (Cream 1995)

Marked For Madness (Michelle Young 2001)

The Rocky Horror Picture Show (Soundtrack, V.A., 1977)

Greatest Hits (Simon & Garfunkel 1972)

Sunshine On My Shoulders - The Best of... (John Denver 2009)

Aber bitte mit Sahne - seine größten Erfolge (Udo Jürgens 1994)

Silent Knight (Saga 1980)

Gone To Earth (Barcley James Harvest 1977)

Rebel Yell (Billy Idol 1983)

The Best Of 2 Pac Part 1: Thug (2 Pac 2005)

The Final (Wham! 1986)

Approved by the Motors (The Motors 1978)

The Singles Collection 2001-2011 (Gorillaz 2011)

Live And Let Live (10cc 1977)

Spirits Having Flown (Bee Gees 1979)

The Ultimate (Bee Gees 2009)

Arrival (Abba 1976)

Golden Decade 1955-1965 (Chuck Berry, o.J.)

Nothing Is Easy: Live At The Isle Of Wight 1970 (Jethro Tull 2004)

Selling England By THe Pound & Spectral Mornings...

...LIve At Hammersmith (Steve Hackett 2020)

Greatest Hits (Neil Young 2004)

Live (Genesis 1973)

The Dark Side Of The Moon, Live At...

...Wembley, London 1974 (Pink Floyd 2023)

Mein LebensSoundtrack!! Bei vielen Alben waren gleich Erinnerungen, Menschen, Erlebnisse, Zeiten! Kapitel 1 war meine Hall of Fame der Musikalben, Kapitel 2 mit Zeiten- und Musik-Durcheinander (was wohl alles dabei war von 1973 oder 1977 oder 1983 in den 2 Kapiteln...). NUN INFOS, HISTORY ÜBER MEINE ALBEN (AUSWAHL):

KAPITEL 3

INFOS, HISTORY, WIKIPEDIA, MUSIKHEFTE/LITERATUR ÜBER ALBENGESCHICHTE

fb-Gruppe Alfred Hitchcock mit den "Psycho"-Bildern! Wäre ein schönes LP-Cover (CD-Cover wäre zu klein...) über Progrock oder Metalprog über Hitchcock?

Deep Purple in Rock, auch bekannt als In Rock, ist das vierte Studioalbum der britischen
Rockband Deep Purple, das am 3. Juni 1970 veröffentlicht wurde. Es war das erste Album in
der „klassischen" Mk-II-Besetzung. Das Album zählt zu den ersten und richtungsweisenden
Alben des Heavy Metal und des Hard Rock und beinhaltet mit Child in Time und Speed King
zwei der bekanntesten Songs der Rockmusik.[4] (Wikipedia)

The Lamb Lies Down on Broadway (englisch „Das Lamm legt sich am Broadway nieder") ist
das sechste Studioalbum der britischen Progressive-Rock-Band Genesis. Das Konzeptalbum
erschien im November 1974 und ist das letzte Album der ersten Stammbesetzung von
Genesis mit Peter Gabriel als Sänger.

Auf dem Album erzählt die Band die surreale und traumartige Geschichte des puerto-
ricanischen Jungen Rael, der in New York City lebt. Er wird in ein Abenteuer voller Gefahren
und ungewöhnlichen Situationen hineingezogen und rettet am Ende seinen Bruder John. Das
Werk enthält Satiren auf Mythologie, Werbung und Kommerz und folgt einem Konzept von
Peter Gabriel, der die Songtexte schrieb.[3]

Der Veröffentlichung folgte eine Welttournee, auf der die Geschichte des Albums durch eine
Dia-Show und die Verwendung verschiedener Kostüme von Gabriel musikalisch und visuell
dargestellt wurde. (Wikipedia)

The Dark Side of the Moon (auch Dark Side of the Moon) ist das achte Studioalbum der britischen Rockband Pink Floyd. Das Konzeptalbum erschien 1973, zählt mit über 50 Millionen verkauften Einheiten zu den weltweit meistverkauften Musikalben und wurde zum Dauerbrenner in den internationalen Albumcharts

Die Idee kam dem Bassisten Roger Waters bereits im Herbst 1971. Seine Erfahrungen mit dem Niedergang des einstigen Pink-Floyd-Mitglieds Syd Barrett schuf den thematischen Rahmen: Was kann sensible Menschen in den Wahnsinn treiben? Waters wollte anonyme Machtstrukturen wie das Geld, die Zeit, den Kriegswahnsinn aufzeigen. Auch ernüchternde Erfahrungen mit dem Musikbusiness und der Verlust einer Utopie, an die etwa noch die Hippiegeneration glaubte, färbten auf die Texte ab. Es handelt sich laut Harms[6] um ein Tongemälde, das die Pressionen des Alltagslebens und Reaktionen darauf wie Entfremdung, Verdrängung und Schizophrenie darstelle. (Wikipedia)

Düstere Tongemälde, Rock-Meisterwerk (Rocklexikon, Siegfried Schmidt-Joos, ro-ro-ro)

In meinem Leben ist mein Lieblingsalbum The Dark Side Of The Moon (seit 1976) immer dabei. Mittlerweile durch die Jahre seit ca 2018/2019 ist das Album mein Gefühls-Soundtrack durch meine Lebenserfahrungen - Menschen, Macht, Alltag. Anfangs in den 1970ern/1980ern war Gefühls-Soundtrack durch Frauen... (der Autor)

... And Then There Were Three ... (englisch für „... und da waren es drei ...") aus dem Jahr 1978 ist das neunte Studioalbum der britischen Rockband Genesis. Der Titel nimmt Bezug darauf, dass nach dem Weggang von Peter Gabriel 1975 und Steve Hackett 1977 die Band jetzt nur noch drei Mitglieder hatte: Neben Phil Collins gehörten lediglich die Gründungsmitglieder Mike Rutherford und Tony Banks zur Stammbesetzung, die nun bei Konzerten durch zusätzliche Musiker ergänzt wurde. Es war das erste Album in dieser Dreierbesetzung, die sich als die dauerhafteste Konstellation der Band erwies.

(Wikipedia)

Für mich ist die ...And then there were three von meiner Lieblingsband Genesis der 70er-Soundtrack! Musikalisch nicht die Nr 1 - aber der Erinnerungssound, die 70er Sugessionen, die Erlebnisse von KL. Wenn ich das Album höre, bin ich sofort im Jahr 1978! (der Autor)

The Beatles ("Weißes Album") - The Beatles 1968 (Wikipedia)

John Lennon sagte: „Das Weiße Album bedeutet einfach: ‚Das ist mein Song, den bringen wir so. Das ist dein Song, den bringst du so, wie du willst.‘ Es ist ganz schön schwierig, die Musik von drei Leuten auf eine einzige LP zu packen – deswegen haben wir eben ein Doppelalbum gemacht. Nach der ganzen Elektronik und den bombastischen Arrangements habe ich endlich alles abgeschüttelt, und meine Songs auf dem Doppelalbum waren schlicht und einfach. Es war eine totale Abkehr von Sgt. Pepper und vieles gefiel mir besser."[1]

George Harrison: „Nach Sgt. Pepper hatte man beim neuen Album wieder eher das Gefühl, dass eine Band etwas gemeinsam aufnahm. [...] Es gab auch weit mehr individuelle Sachen, und zum ersten Mal akzeptierten die Leute auch, dass sie (die Beatles) individuell waren."[1]

Paul McCartney: „Ich glaube, es war ein sehr gutes Album. Es war einfach überzeugend, aber es zu produzieren war kein Vergnügen. Andererseits sind solche Sachen manchmal förderlich für die Kreativität."[7]

Ringo Starr: „Im Laufe der Arbeit am Weißen Album wurden wir wieder mehr zu einer Band, und das ist mir immer am liebsten."[4]

Das Album The Beatles stieg am 27. November 1968 in die britischen Charts gleich auf Platz eins ein, wo es sich neun Wochen hielt. Es war das neunte Nummer-eins-Album der Beatles in Großbritannien. In Deutschland war es das achte Album der Beatles, das Platz eins der Hitparade erreichte. Für das Album lagen in Großbritannien über 300.000 Vorbestellungen vor. In den USA erreichte das Weiße Album ebenfalls Platz 1 der Charts und blieb dort ebenfalls neun Wochen lang. Damit war es dort das zwölfte Nummer-eins-Album, in der ersten Woche wurden fast zwei Millionen Exemplare verkauft. Im Februar 2019 wurde das Album in den USA mit Multi-Platin für 24 Millionen verkaufte Einheiten (12 Millionen verkaufte Doppelalben) ausgezeichnet.[11] Aus dem Album wurde 1968 weder in Großbritannien noch in den USA eine Single ausgekoppelt, erst im Jahr 1976 erschienen Back in the USSR in Großbritannien und Ob-La-Di, Ob-La-Da in den USA als Single. Lediglich in Deutschland wurde am 14. Januar 1969 die Single Ob-La-Di, Ob-La-Da / While My Guitar Gently Weeps veröffentlicht,[12] die dort der achte Nummer-eins-Hit wurde.

Das Weiße Album der Beatles hatte ich im elterlichen Kompaktplattenspieler gehört. Eines der ersten LPs von mir. Vater meinte (ca 1975 oder 76) verstört: "das ist doch alt, warum?!" Immer wieder damals öfter gehört zu Revolution 9, Good Night, While My Guitar Gently Weeps, Helter Skelter. Aus den Kinderschuhen in meiner LP/CD-Sammlung. (der Autor)

ABBA – The Album ist das fünfte Studioalbum der schwedischen Popgruppe ABBA. Es erschien im Dezember 1977 und enthält neben den Singleauskopplungen The Name of the Game, Take a Chance on Me und Eagle auch Thank You for the Music, das zu den bekanntesten ABBA-Songs zählt. (Wikipedia)

Harvest is the fourth studio album by Canadian-American musician Neil Young, released on February 1, 1972, by Reprise Records, catalogue number MS 2032. It featured the London Symphony Orchestra on two tracks and vocals by guests David Crosby, Graham Nash, Linda Ronstadt, Stephen Stills, and James Taylor. It topped the Billboard 200 album chart[3] for two weeks, and spawned two hit singles, "Old Man", which peaked at No. 31 on the US Billboard Hot 100, and "Heart of Gold", which reached No. 1.[4] It was the best-selling album of 1972 in the United States.[5] (Wikipedia)

Er gefiel sich, vor allem auf der Platte Harvest (1972, USA 1, UK 1), in der Pose des Outcast,brachte seine Wehleidigkeit auf einen Generalton , normte seine Melodien als Reprisen früherer Klagelieder und schablonierte seine Texte zum Einheitslamento eines Cowboys der F. Scott Fitzgerald und Tennesee Williams gelesen hat. (Rocklexikon, Siegfried Schmidt-Joos, ro-ro-ro)

The Rising - Bruce Springsteen (2002)

Die Leute brauchten ihn nach 9/11. Bruce eilte zu Hilfe samt E-Street-Band-Reunion und mit Songs , die tief in die große Leerstelle eines "Lonesome Day", eines "Nothing Man" hinabbohrten. (Rolling Stone Germany, November 2024)

Tubular Bells - Mike Oldfield (1973)

In der Minute, in der ich von der Schule heimkam, nahm ich das ganze Wochenende dafür her, um zu üben... So begann ich, Instrumentalstücke zu kreieren in einer Art, die letzlich zur Blaupause für "Tubular Bells" wurde. (Mike Oldfield in Eclipsed Juni 2023)

Jethro Tull - ich durfte 3 Konzerte sehen mit Tull (1980, 2 x 1982)

Über dem "derangierten Flamingo" meinte Ian Anderson (Tull): "Darauf bin ich gekommen, als ich nach einem Herausstellungsmerkmal gesucht habe - so wie Pete Townshend die Gitarrenwindmühle gegeben oder Hendrix mit den Zähnen gespielt hat".

(Eclipsed, März 2025)

Nina Hagen Band - Nina Hagen Band (1978)

Titelliste

Seite 1

TV-Glotzer (White Punks on Dope) (Nina Hagen, Michael Evans, Bill Spooner, Roger Steen) – 5:15

Rangehn (Hagen, Bernhard Potschka) – 3:27

Unbeschreiblich weiblich (Hagen, Manfred Praeker) – 3:30

Auf'm Bahnhof Zoo (Hagen, Praeker, Reinhold Heil) – 5:25

Naturträne (Hagen) – 4:05

Seite 2

Superboy (Hagen, Herwig Mitteregger) – 4:01

Heiß (Hagen, Heil, Mitteregger, Potschka, Praeker) – 4:11

Fisch im Wasser (Hagen) – 0:51

Auf'm Friedhof (Hagen, Mitteregger, Potschka) – 6:15

Der Spinner (Hagen, Mitteregger) – 3:15

Pank (Hagen, Arianne Forster) – 1:45

Rezensionen

Die Online-Plattform laut.de widmete Nina Hagen Band im Jahr 2019 einen Beitrag in ihrer Rubrik „Meilensteine", welche Albumklassikern vorbehalten ist, die „[unabhängig] von Genre-Zuordnungen … jeder Musikfan gehört haben muss". Das Album wird beschrieben als „monolithisches Referenzwerk, vor Zeitgeist dampfend, hysterisch beseelt, überdreht und immer wieder eine Neuentdeckung wert, so historisch-stilprägend wie Lindenbergs Daumen im Wind, Ton Steine Scherbens Keine Macht für Niemand und Dicke von Westernhagen". Dabei haben die Texte von Nina Hagen Band „in ihrem Freiheitshunger und der Forderung nach Gleichberechtigung wenig von ihrer Aktualität eingebüßt".[7]

(Wikipedia)

Ein Album ohne Titel und mit kryptischen Zeichen anstelle eines Bandnamens: Das namenlose vierte Studioalbum von Led Zeppelin, bekannt als „IV", „Zosa" oder „Four Symbols" ist mit seinem richtungsweisenden Sound, der mystischen Symbolik und dem legendären Song „Stairway to heaven" das Opus Magnum der vielseitigen britischen

Rockband. Vor 50 Jahren, am 8.11.1971, erschien das Album.

(SWR Kultur -online)

Hounds of Love (englisch für „Jagdhunde der Liebe") ist das fünfte Studioalbum von Kate Bush, das im September 1985 veröffentlicht wurde.

Der erste Teil des Albums, die A-Seite der LP-Version, besteht aus poetischen, aufwändig arrangierten Songs um das Thema Selbstfindung; die vier ausgekoppelten Singles stammen alle aus dem ersten Teil.

Die B-Seite ist The Ninth Wave betitelt und erzählt als konzeptuale Suite von einer Frau, die unruhig "Schäfchen zählend" in den Schlaf gleitet und träumt, wie sie beim Eislaufen einbricht. Im Traum am Rande des Todes erlebt sie einschneidende Erlebnisse ihrer Entwicklung zur Frau wieder. Am Ende stehen Erlösung und Wiedergeburt. Das Album wurde (mit Ausnahme von The Big Sky und Mother Stands For Comfort) im Jahr 2014 während ihrer zweiten Konzertreihe Before The Dawn komplett gespielt (incl. The Ninth Wave in der ersten Halbzeit) und auf dem gleichnamigen Livealbum dokumentiert.

(Wikipedia)

Yessongs (Yes 1973)

Hervorragende Live-Qualitäten

Top-Track: Close To The Edge

(Eclipsed Juli/August 2023)

Sticky Fingers (Rolling Stones 1971)

...ließen die Stones ihren musikalischen Vorlieben freien Lauf.

Das Album mit dem berühmtesten Cover der Welt , designed by Andy Warhol, "The greatest album ever made", befand Townes Van Zandt.

(Rolling Stone, Oktober 1997)

Für Musiklegasteniker: Rolling Stone hat NICHTS mit den Rolling Stones zu tun!!

Eine Kollegin ca 2016, sah das Rolling Stone-Magazin und spottete: "Oh, bische Rolling Schtouns-Fään"...

Ganz simple Erklärung, wo immer noch dieses "Gerücht" ist: die Rolling Stones haben ihren Namen von Blues-Musiker Muddy Waters durch den Song "Rollin' Stone"! Das Rolling Stone-Magazin kam durch den Song von Bob Dylan: "Like A Rolling Stone"!

Thriller ist das sechste Studioalbum des US-amerikanischen Sängers Michael Jackson. Es erschien am 30. November 1982 bei Epic Records. Wie beim Vorgängeralbum Off the Wall (1979) war Quincy Jones der Produzent, während Jackson bei dessen selbstgeschriebenen Titeln als Produzent fungierte und bei ihrer zweiten Zusammenarbeit einen deutlich stärkeren Einfluss auf das Album ausübte. Mit Thriller avancierte er zum weltweit kommerziell erfolgreichsten Popsänger der 1980er Jahre.

Das Album verbindet Genres wie Pop, R&B, Rock, Post-Disco und Funk. Die Aufnahmen fanden zwischen April und November 1982 in den Westlake Recording Studios in Los Angeles mit einem Produktionsbudget von 750.000 US-Dollar statt. Von den neun Titeln auf dem Album wurden vier Stücke von Jackson geschrieben. Es wurden sieben Singles aus Thriller ausgekoppelt, die alle die Top 10 der Billboard Hot 100 erreichten; drei davon, Billie Jean, Beat It und Thriller sogar die Spitze der Charts.[4]

Mit rund 67 Millionen verkauften Exemplaren ist Thriller das weltweit meistverkaufte Album.[5] Andere Quellen gehen sogar von bis zu 110 Millionen Einheiten aus.[6] Bei den Grammy Awards 1984 gewann Jackson für das Album acht Preise, was bis heute ebenfalls einen Rekord darstellt. In der Liste der 500 besten Alben aller Zeiten der Musikzeitschrift

Rolling Stone belegt Thriller Platz 20. (Wikipedia)

Mein Lieblingsalbum ist Ghost In The Machine (1981), ein Industrial Music-Album mit zB Demolition Man. Synchonicity (1983) ist Pop (Every Breath You Take) und trotzdem neue Klangfarbereien. Ein Trio - Weniger ist Mehr!! (der Autor über The Police in seinem Buch "Meine Geschichte von Lebensmusik")

Die Amerikanisierung hat Fleetwood Mac ganz schön aufemöbelt. Englische Perfektion gekoppelt mit dem eher ungekümmerten Temperament von Stevie und Lindesy, verwandelt Fleetwood Mac in die äußerst lebendige Formation. (Musikexpress Mai 1977 über das Album " Rumours", aus der ME-Bibliothek "100 Meisterwerke")

Nach langen Jahren der musikalischen Suche ist Tina Turner wieder auf dem richtigen Weg.

(ME Platte des Monats "Private Dancer" Juli 1984, ME-Bibliothek "Die Platten des Monats 1973-1989")

Das Hauptriff von Highway to Hell wurde von Angus Young geschrieben, Malcolm Young und Bon Scott waren auch am Songwriting beteiligt, letzterer schrieb den Text. Das Stück ist auf das Leben auf Tour bezogen. Der Zeitschrift Metro sagte der spätere Sänger Brian Johnson:

„It was written about being on the bus on the road where it takes forever to get from Melbourne or Sydney to Perth across the Nullarbor Plain. When the Sun's setting in the west and you're driving across it, it is like a fire ball. There is nothing to do, except have a quick one off the wrist or a game of cards, so that's where Bon came up with the lyrics." („Es wurde über das Leben im Bus geschrieben, wenn es eine Ewigkeit dauert, von Melbourne oder Sydney über die Nullarbor-Ebene nach Perth zu gelangen. Wenn die Sonne im Westen untergeht und du daran vorbei fährst, ist sie wie ein Feuerball. Es gibt nichts zu tun, außer Dir kurz mal einen runterzuholen oder Karten zu spielen. Dabei fiel Bon der Text ein.")[3] Eine oft genannte Erklärung für den Titel ist der Bezug auf den Canning Highway in Australien, der an einer Stelle nahe Fremantle Highway to Hell genannt worden sei. In der Nähe von Bon Scotts Lieblingskneipe The Raffles hat es am Ende eines Gefälles an einer Kreuzung besonders viele Unfallopfer gegeben.[4]

Über den Text des Titeltracks vom AC/DC-Album Highway To Hell (Wikipedia)

Watch (Manfred Manns Earthband 1978)

Im Vordergrund des Covers sieht man eine offenbar männliche Person in einem gelben Anzug mit ausgebreiteten Armen auf einer Landebahn. Die Person scheint vorwärts zu rennen oder vielleicht sogar abzuheben. Die Landebahn erstreckt sich in die Ferne und führt zu einem weiten, offenen Horizont. Links neben der Landebahn ist ein Windsack zu sehen, rechts eine rot-weiß karierte Struktur, bei dem es sich um einen Kontrollelement handeln könnte, da Lichter darauf angebracht sind. Der Himmel dominiert den oberen Teil des Covers und ist mit einer großen Wolkenformation gefüllt. Die Wolken sind detailliert ausgeführt. Am oberen Rand des Covers sind der Bandname und der Albumtitel in schlichter weißer Schrift vor dem blauen Himmel platziert. Das Bild stammt von einem unbekannten Künstler namens Michael Sanz.[13]

Die Gestaltung des Albumcovers ist von einer interessanten „Legende" umgeben, die oft in Fan-Foren diskutiert wird. Während einer Tour durch Skandinavien soll Manfred Mann von einem Fan namens Michael Sanz ein Ölgemälde erhalten haben, das Mann signieren sollte. Mann war von dem Kunstwerk beeindruckt und fragte Sanz, ob er der Künstler sei. Nach Sanz' Bestätigung erhielt er prompt den Auftrag, das Cover zu gestalten. Es bleibt unklar, wer genau die Idee für das auffällige Motiv hatte, wobei behauptet wird, dass Thomas Johansson, der Tourmanager, der Urheber gewesen sein könnte. Mann selbst gab Sanz eine sehr anschauliche Beschreibung, wie das Cover aussehen sollte, indem er mit ausgebreiteten Armen einen Bürgersteig entlanglief. Auf Basis dieser dynamischen Anweisungen erstellte Sanz einen Entwurf, der zur allgemeinen Überraschung genau den

Vorstellungen entsprach. Das Cover, das auch die Rockmusik der späten 70er Jahre symbolisiert, ist mittlerweile legendär.[14] (Wikipedia)

der Autor: für mich das beste Earthband-Album ever!!

In der Tat konnten Boston durch solide Hitsongs wie More Than A Feeling , den Kathedralensound ihres Gitarren-Zusammenspiels und die unaufdringlicheVirtuosität zahlreicher Mischpult-Tricks faszinieren. (Rocklexikon, Siegfried Schmidt-Joos, ro-ro-ro, über das Debutalbum von Boston))

ALBEN-GALERIE des Autors, klitzekleine Auswahl

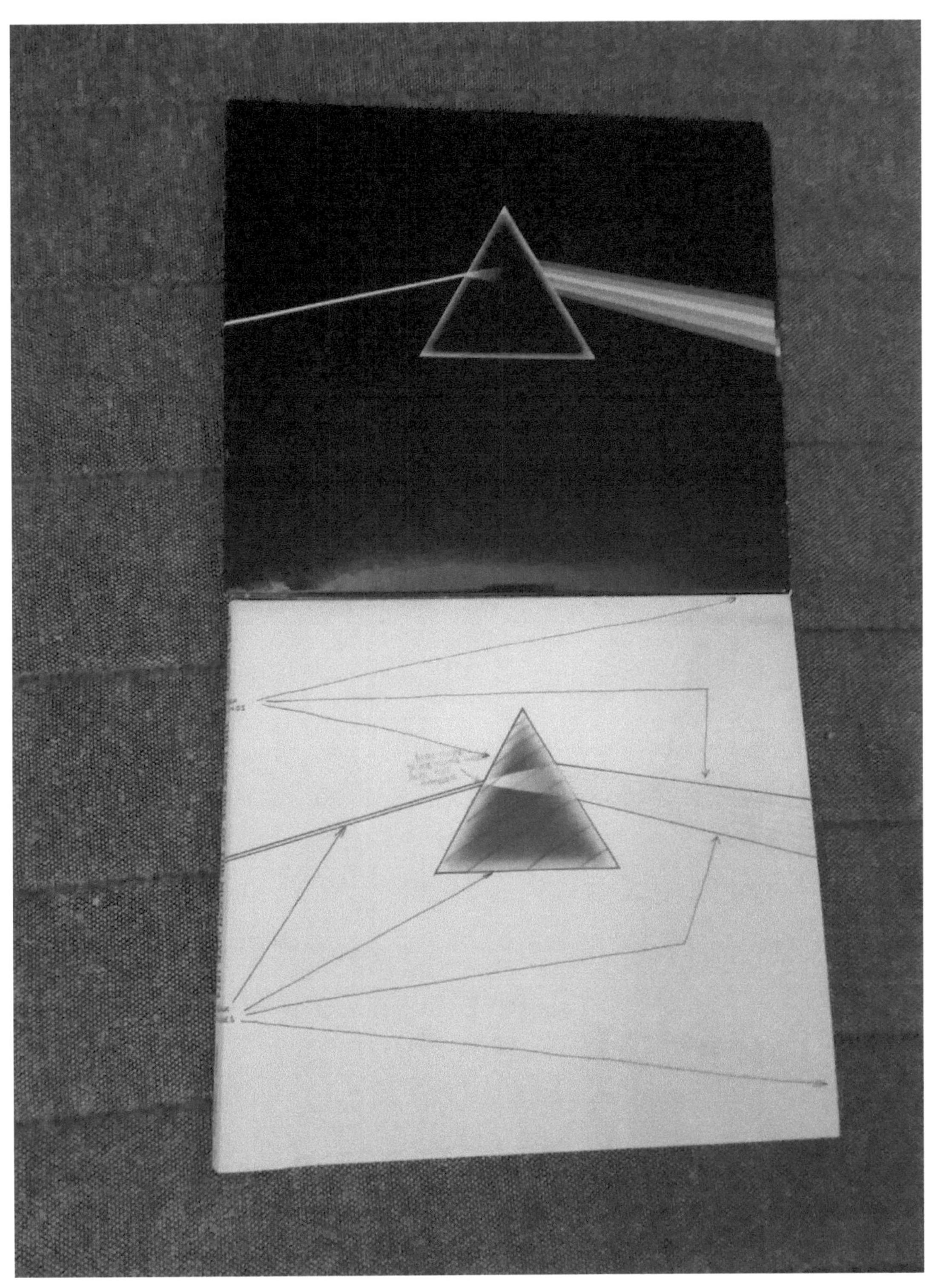

Gorillaz
The Singles Collection 2001-2011
Gorillaz
World Of Today
Supermax

NEIL YOUNG
GREATEST HITS

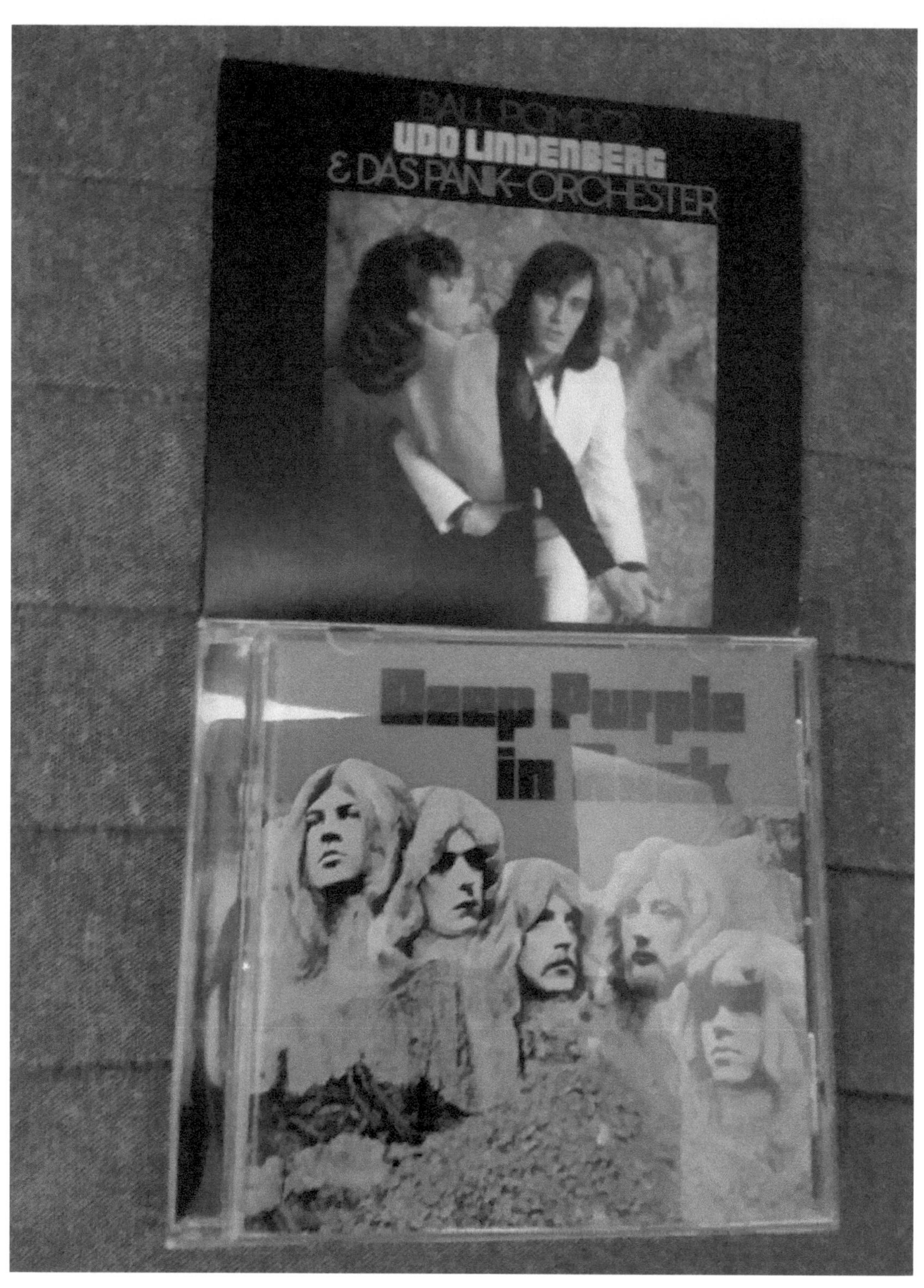
PAUL ROMERO
UDO LINDENBERG
& DAS PANIK-ORCHESTER
Deep Purple
in

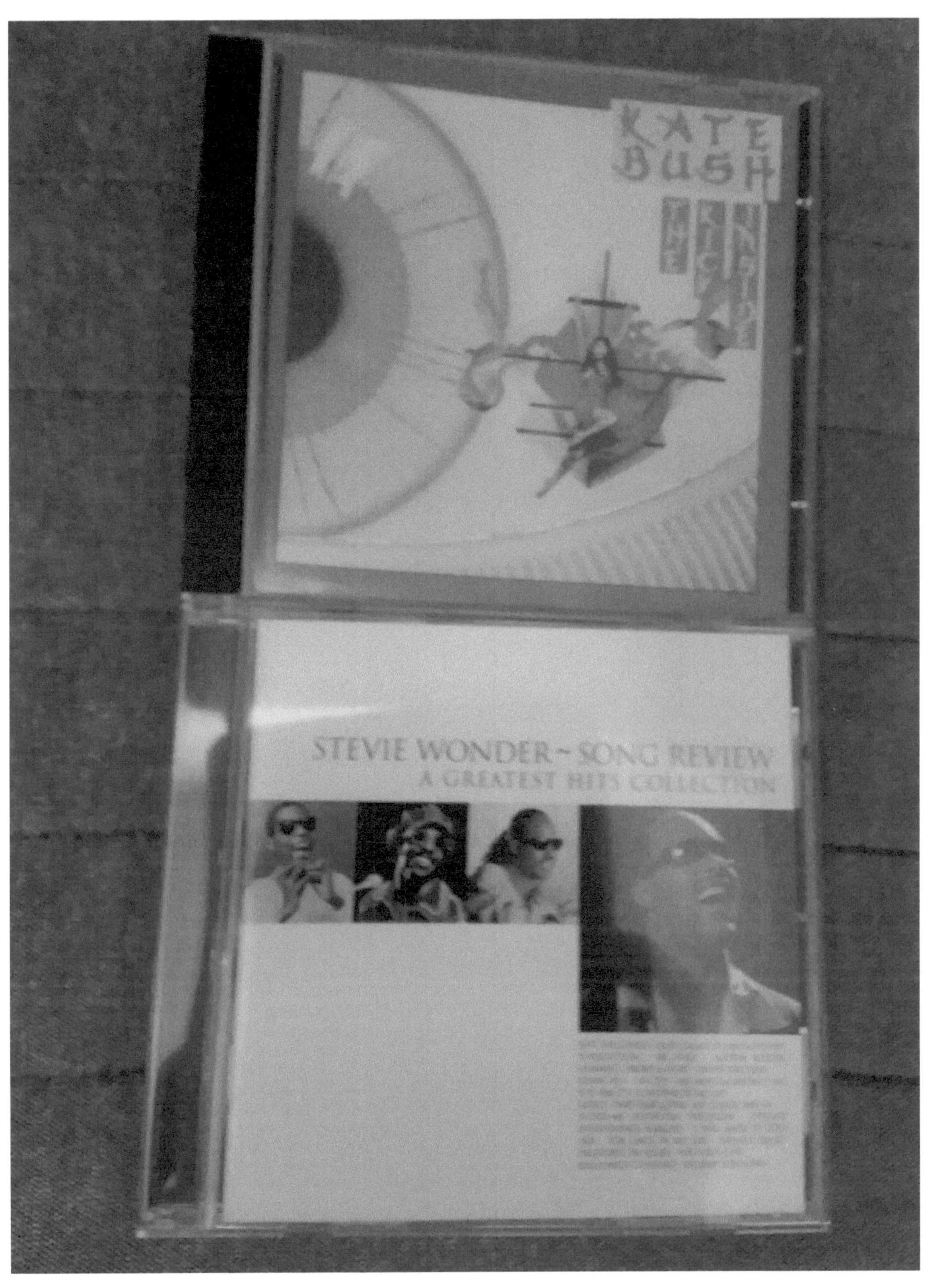
KATE
BUSH
STEVIE WONDER ~ SONG REVIEW
A GREATEST HITS COLLECTION

Jethro
TULL
Nothing
Is Easy:
live at the
Isle of Wight
1970
The Beatles / 1967-1970

Was "nicht zu sehen ist" (ohne Namen) sind: The Dark Side Of The Moon (Pink Floyd Studio1973/Live1974), Black Star (David Bowie), Four Symbols (Led Zeppelin).

Übrigens: bei meinen Konzertbesuche war nicht nur 3 x Jethro Tull, sondern auch Genesis, Pink Floyd, Neil Young (2 x), Marillion, Helen Schneider, Manfred Mann's Eartband, BAP, Spliff, Blue Öyster Cult, Fischer Z, Peter Gabriel, Steve Hackett, Vanden Plas, Udo Lindenberg, Bernie's Autobahnband (3 x), Stevie Wonder, Peter Maffay, Zweistein, Palzgang, Ty Le Blanc, Michael Schenker Group, Paul Young (2 x), U 2, Anyone's Daughter, Lilienthal, Tribute, Extrabreit, John Kincade, Status Quo und und... Wie ich mich kenne, hab ich womöglich doch wieder ein großer Act vergessen... Die allerbesten Konzerte sowieso dabei mit Tribute, Marillion, Neil Young (beide), Genesis, Pink Floyd, Helen Schneider, Peter Gabriel, Jethro Tull (bei der "A"-Tour 1980, mein 1. Konzert mit GroßAct).

Kleiner Nachtrag in der Magic Mystery Alben - Liste:

Mail Order Magic (Roger Chapman, 1980)

Frankenchrist (Dead Kennedys 1985)

Mothership (Led Zeppelin 2007)

Human Racing (Nuk Kershaw 1984)

Blue Lines (Massive Attack 1991)

Action - The Ultimate Story (Sweet 2017)

Live (The Pointer Sisters 2005)

Live In Concert (Sex Pistols 2002)

Tea For A Tillerman (Cat Stevens 1970)

On Stage (Rainbow 1977)

Mariah Carey (Mariah Carey 1990)

Dejavu Retro Collection (Billie Holiday 2001)

The Neverending Story In My Music Life...

27.02.2025 20:49 - Yvonne vergessen, Nazareth vergessen...

Life For Rent (Dido 2003)

Farben meiner Welt (Yvonne Catterfeld 2004)

Hair Of The Dog (Nazareth 1975)

Feel The Noize - Greatest Hits (Slade 1997)

21 (Adele 2011)

All Time Greatest Hits (Credence Clearwater Revival 1998)

In Absentia (Porcupine Tree 2002)

Shades Of Deep Purple (Deep Purple 1968)

The Very Best of... (Jose Feliciano 1976)

Under A Blood Red Sky -Live (U2 1983)

In dieser Albenliste sind meine CDs, die Vinyl-LPs die ich hatte, Alben die ich kannte wo bei mir gar nicht da war/ist. Als eine Art Zugabe hätte ich für Euch einen SIXPACK aus meiner Sampler-CD-Sammlung (ich hab echt sehr viele CD-Sampler - schon in den Vinyl-70ern mit K-Tel & Co z.B. die "British Greats"...).

Simply Seventies - 4 CD mit Chic, Sister Sledge, Sweet, Hot Chocolate, Suzi Quatro etc...

Love Songs - 3 CD mit Bobby Vinton, Brenda Lee, Frank Sinatra, Paul Anka etc...

75 Super-Oldies - 5 CD mit Elvis Presley, Dave Brubeck, Smokie, Paul Young etc...

Motown Classics Gold - 2 CD mit The Supremes, The Temptations, Four Tops etc...

Best of NDW - 3 CD mit Nena, Spliff, Ideal, Trio, Spider Murphy Gang, Joachim Witt etc...

The Best Of British Rock - 2 CD mit The Yardbirds, Uriah Heep, Climax Blues Band etc...

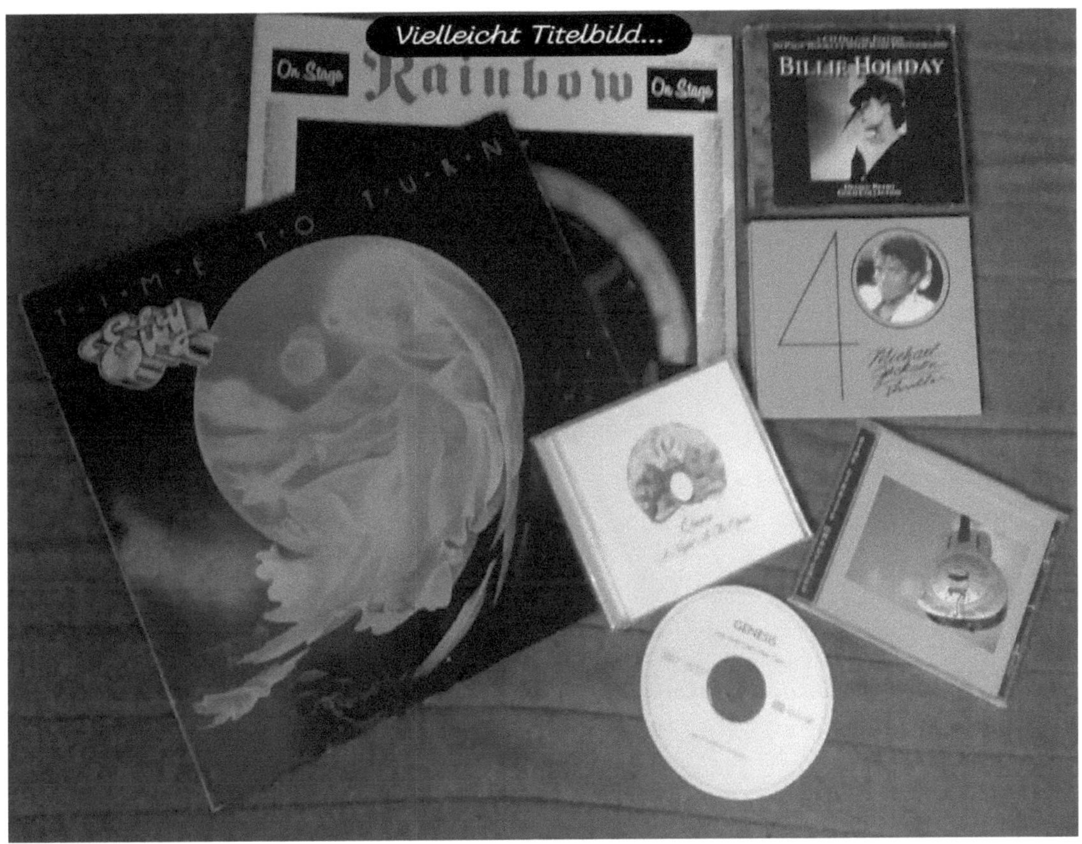

NACHWORT

Überlegt, erinnert, Sammlung durchsucht - oh, ich hab ja die Dido-CD... Das schwarze Loch
der Musik... Wie geschrieben... Neverending... In diesem Buch durfte ich pi mal Daumen
meine Musik, mein Leben, meine Lebensmusik, mein Lifesoundtrack zelebrieren.
Irgendwann ist 2274 meine Musik vielleicht vergessen, aber dieses Buch ist ewig mit
richtigen Papier. Dieses Buch bin ich! Mein Buch ist für Euch, zu Ihnen - vielleicht entdeckt
Ihr und Sie ein paar Alben... Music is Soul!

Tja, das war's, mein Musikbuch-Traum, das mein Leben, Musik und Buch EINS ist!

VIELEN DANK AN meinen Eltern, Großvater, Guiseppa A., Annerose P., Romina K., Stefan R.

C Gerd Steinkoenig, 27. Februar 2025

KAPITEL 4 - MEINE STARK ERWEITERTE NEUAUSGABE!!

Mein Leben auf der Erde hab ich endlich seit ca 2017 die Menschen, was ich gut finde. Früher hatte ich Menschen mit negativen Ausstrahlungen. Seit Jahren habe/hatte ich Gott sei Dank coole Menschen, leider könnte man, geht aber nicht, lach... Hauptsache, ich hab meine eigene, individuelle Freiheit, MEIN Leben. Vielleicht durch mich, weil ich zu misstrauisch bin aus meinen Erfahrungen?! Oder durch meine positive Energien für mein selbstbewusstes Leben?! Immer positive Pläne und Ziele für meinen positiven Lebenssinn - am Besten mit Partnerin! Oder doch nicht?! Ich kriegs hin durch meinen Instinkt (Urinstinkt), meinen Bauch, mein "es sollte/soll so sein", durch mein IQ!

Mein Leben irgendwann in der nächsten Lebensdimension (Running Gag bei meinen Books.... Rubrik "Himmel"... Teil soundso...), weiß man ja nicht, was sein könnte. Auf jeden Fall Glaube, meine ewige Seele etc! Mein Himmelsaspekt sind helle Ebenen mit riesigen Hallen mit vielen diversen Menschen (dazu zu diesen Ebenen ausführlicher bei dieser Bücher-Rubrik). Ich dachte dann, mit Vater, Großvater, ich nehm an Mutter (sie lebt irdisch bestimmt 120, lach) zu sprechen, mit Freund:innen etc. Ist moi Katzemäädsche Molly auch da?! Wäre auch cool, mit John Lennon, Marlene Dietrich, Marilyn Monroe zu sprechen... Aufeinmal überlegte ich, scheiße, ich will mit dem & dem nie wieder sprechen, von diesen Vor 2017-Idioten von den negativen Ausstrahlungen. Andererseits wäre es ja im Himmel, Gott und Jesus, die Ebenen-Abteilungsleiter, wissen ja auch Bescheid. Oder bin ich aus Seele-Erziehunng für 100 Jahre allein in einem großen Wald als Mensch, als Wolf, als Löwe?! Als Mensch aus der Seele schreiben, alle 3 Leben den Wald genießen, erkennen, erfahren?!

Ob auf der Erde, Himmel, Planet XY, das Leben ist schön!!

Anggia SargiahJames Paul McCartney

8. März um 04:24 ·

Paul McCartney & The Rolling Stones 🔥♀️🤘

MEINE WEITEREN LEBENSALBEN

Point Of Know Return (Kansas 1977)

Zoolook (Jean Michel Jarre 1984)

...in Rome, Italy 2013/07/02 (Deep Purple 2013)

Please Don't Touch (Steve Hackett 1978)

More (Soundtrack, Pink Floyd 1969)

Nursery Cryme (Genesis 1971)

Remasters (Led Zeppelin 1990)

Foreigner (Foreigner 1977)

News Of The World (Queen 1977)

The Score (The Fugees 1996)

Die 4. Dimension (Die Fantastischen Vier 1993)

Udopium - Das Beste (Udo Lindenberg 2021)

20 Jahre Nena feat. Nena (2002)

Tina Live In Europe (Tina Turner 1988)

Live At Woodstock (Jimi Hendrix 1998)

90125 (Yes 1983)

At The Kaboki Theatre 31. December 1970

    Quicksilver Messenger Service (2007)

Happy Trails (Quicksilver Messenger Service 1969)

Mirage (Fleetwood Mac 1982)

Live At The Marquee (Sweet 1989)

Santana's Greatest Hits (Santana 1974)

Live At Leeds (The Who 1970)

Who Are You (The Who 1978)

You Really Got Me - The Best Of (The Kinks 1999)

Bad (Michael Jackson 1987)

Victory (The Jacksons 1984)

All Over The World - THe Very Best Of... (E.L.O. 2005)

Hasten Down The Wind (Linda Ronstadt 1976)

6 weitere Sampler (nochmal Sixpack):

Blues Classics 2 CD mit Muddy Waters, Leadbelly, Robert Johnson, John Lee Hooker...

Now Plus ULtra ROCK 5 CD mit Meat Loaf, Bad Company, Mr. Mister, Kansas, Alice Cooper...

Platinum Pop 2 CD mit The Commodores, Robin Beck, 10cc, The Floaters...

Kult 3 - Die besten internationalen 70er Hits 3 CD mit T. Rex, Donna Summer, Van McCoy...

Isle Of MTV - 30 Of THe Hottest Dance Tracks mit Kosheen, Moby, Faithless, Dido...

Teenager Years 3 CD mit Del Shannon, Connie Frances, Chuck Berry, Lesley Gore...

MEIN EIGENES ALBUM... TEIL 1

KUSCHELMUSIK

Bei mir ist alles dabei! Am Liebsten ruhige Songs, Balladen! Einen Sampler des Autors mit 16
Juwelen (Ihr könnt ja hören beim Streaming oder Youtube)

Time (Pink Floyd)

Blood On The Rooftops (Genesis)

Dust In The Wind (Kansas)

Wonderous Stories (Yes)

Comes A Time (Neil Young)

Liebe ist alles (Rosenstolz)

Feuerzeug (Ideal)

Keine Ist (Rödelheim Hartreim Projekt)

Ein Tag am Meer (Die Fantastischen 4)

Dream On (Aerosmith)

Love Hurts (Nazareth)

We're All Alone (Rita Coolidge)

Nobody Does It Better (Carly Simon)

Hammer Horror (Kate Bush)

Purple Rain (Prince)

Teardrop (Massive Attack feat Liz Frasier)

C P Gerd Stein Gerd Steinkoenig 11.03.2025

Ich warte und warte... #BoD hat anscheinend Stress. Sie haben womöglich nicht den aktuellen Stand über meine Privatbuchbestellung vom Verlag. Trotzdem hab ich schon seit Tagen mein Buch bei #amazon. Also es ist da! Vorsichtshalber hab ich bei amazon mein Buch bestellt - 1 Buch kostenlos durch prime...

Bei dem genannten Buch MAGIC MYSTERY MUSIC hatte ich doch Alben vergessen... Es sollte total perfekt sein - und ich vergaß Kansas... Nachfolgend noch 3 Alben (2 x vergessen, 1 x für mich neu - gestern gekauft, und jetzt schon Lebensalbum):

Point Of Know Return (Kansas 1977)

Zoolook (Jean Michel Jarre 1984)

...in Rome, Italy 2013/07/02 (Deep Purple 2013)

Ich schreibt oft "all meine Books ist EIN Buch"! So gesehen war Kansas irgendwo dabei (ich nehm an den Gassenhauer Dust In The Wind), Zoolook ist mit dabei im Titelbild bei meinem Buch Music Was My First Love... Jetzt hab ich 3 Only Music-Bücher (Die Story von populärer Musik, Meine Geschichte von Lebensmusik, Magic Mystery Music), die Songlisten aus meinem 1. Buch Blood On The Rooftops, die Jahrzehnte-Albenliste aus Blood On The Rooftops, die Afterglow-Songlisten aus meinen Büchern Weit weg weg..., diverse Genesis-Aufsätze diverser Bücher etc etc etc... Ich bräuchte mein definitives Musikbuch! Vielleicht Magic Mystery Music mit erweiterter Ausgabe? Mit Jahrzehnte-Albenliste, Songlisten, Afterglow und und und... Und wie immer mit Querverweisen von Erinnerungen, Menschen, Alben, Songs! Oder vielleicht mit eine Art Songtexten, Lyrics, desweiteren. Tja, mal sehen...

C Gerd Stein Gerd Steinkoenig 07.03.2025

Foto: mein neues Juwel ...In Rome, Italien 2013/07/02 (Deep Purple)

SONGTEXT?!

Dead End Street for Humans

Waffen und Beton für Milliarden Euros

Klimaschutz und Naturschutz 0 Euro

Wer ist der Erste zum Atombombenwurf

Bienen und Eisbären sterben bald aus

Dead End Street for Humans

Soziale Kälte, Politiker ohne Skrupel

Nazi-Egomanie und Geldgeilheit

Das Lebewesen Erde werden ausgeplündert

Nach mir die Sintflut

Dead End Steet for Humans

Mein großer Eichenbaum ist uninteressant

Mit Schutzdach und viele Leben der Äster

Mein Eichenbaum steht und fühlt alle Gezeiten

Krieg oder Frieden, mein Eichenbaum steht

Dead End Street for Humans

Gott beobachtet die machtgeile Politiker

Gott kennt die Bankster, Gangster, Humanhaie

Gott weiß die Liebenden, die Selbstlosen, die Treuen

Gott sieht alle diversen Menschenenergien

Dead End Street for Humans

Die Entwicklungen der Erde-Geschichte weiß Gott

Durch vielen Zeiten sind die Humans gleich

Charakteren, Gefühle, Verstand sind zwar individuell

Die Human Natures sind gleich wie die Tierinstinkte

Dead End Street for Humans

Wie immer Krieg und Frieden, Gott und Teufel

Wie immer Teenagerbenimm und Seniorenbenimm

Vorher Telefonwählscheibe, nachher Smartphone

Doch die Humans haben IQ und wollen Machtego

Dead End Street for Humans

Dead End Street for Humans

Dead End Street for Humans

C P Gerd Stein Gerd Steinkoenig 7. März 2025 22:46h

"Es wird eine Zeit kommen, in der die Kirche keine Hirten mehr hat, die die Schafe füttern, sondern Clowns, die die Ziegen unterhalten."
- Charles Spurgeon

"Weich ist stärker als hart,

Wasser stärker als Fels,

Liebe stärker als Gewalt"

Siddharta
Hermann Hesse

Gerd Stein

23 Std. ·

Great Song! Great Video! Fxck Trump!

🌍🎸 NEIL YOUNG - BIG CHANGE IS COMING 🎸🌍

YOUTUBE.COM

🌍🎸 NEIL YOUNG - BIG CHANGE IS COMING 🎸🌍

Neil Young is a legendary Canadian-American singer-songwriter, guitarist, and musician known

ALLES DABEI BEI DEAD END STREET?!....

UND WIEDER WEITERE INFOS VON WIKI UND CO!!

Live at Leeds ist ein Album der britischen Rockband The Who, das am 14. Februar 1970 live an der University of Leeds aufgenommen und im Mai 1970 veröffentlicht wurde. Die Musikzeitschrift Rolling Stone führt das Album auf Platz 170 ihrer Liste der 500 besten Alben aller Zeiten.[1] (Wikipedia)

Natürlich wurde Springsteens Mutmachmusik nach 9/11 gebraucht - und er enttäuschte nicht (The Rising - Bruce Springsteen / Rolling Stone Germany März 2024)

Möchte man einen Klassiker des AOR nennen, dann gehört Foreigners Debüt zu den ersten Kanditaten (Foreigner- Foreigner / Eclipsed März 2025)

Zweifellos zählt....zu den ambitioniertesten Werken von Genesis (The Lamb Lies Down On Broadway - Genesis / Eclipsed März 2025)

Es wurde weltweit 40 Millionen Mal verkauft, in der Sowjetunion auf Underground-Kasetten gehandelt, in Südafrika als Anti-Apartheid-Hit gefeiert (Thriller - Michael Jackson / Rocklexikon ro ro ro Siegfried Schmidt-Joos, Ausgabe 1990)

Alle Tracks des Albums produzierte Marusha gemeinsam mit dem Techno-Produzenten Klaus Jankuhn (Members of Mayday). Am letzten Titel Upside Down wirkte zusätzlich der Keyboarder und Musikproduzent Bernd Burhoff (Beat in Time, Dune) mit.

Der Titel Somewhere over the Rainbow basierte auf einem Lied von Harold Arlen (Musik) und E. Y. Harburg (Text) aus dem Filmklassiker Das zauberhafte Land von 1939. Alle anderen

Stücke waren Neukompositionen. It Takes Me Away enthält ein Vocal-Sample aus dem Lied Movin' On von Carolyn Harding.

Die Stücke Go Ahead, It Takes Me Away und Somewhere over the Rainbow waren bereits zuvor als Single erschienen. Der Track We Are the Bass war ebenfalls eine ältere Produktion und von Marusha zuvor als Titelmusik ihrer Musiksendung Feuerreiter verwendet worden.[2] (Raveland- Marusha / Wikipedia)

Original CRIME OF THE CENTURY (SUPERTRAMP)

Auf der ursprünglichen Schallplatte (LP) befinden sich die Titel 1–4 auf der A-Seite und 5–8 auf der B-Seite. Gesangs-Anmerkung werden mittels „G.:" dargestellt.

A-Seite

School – 5:35; G.: Hodgson; Teile: Davies

Bloody Well Right – 4:26; G.: Davies

Hide in Your Shell – 6:52; G.: Hodgson

Asylum – 6:30; G.: Davies; Teile: Hodgson

B-Seite

Dreamer – 3:30; G.: Hodgson; Teile: Davies

Rudy – 7:07; G.: Davies; Teile: Hodgson

If Everyone Was Listening – 4:05; G.: Hodgson

Crime of the Century – 5:20; G.: Davies

Love over Gold (engl.: sinngemäß ‚Liebe ist mehr wert als Gold') ist das vierte Studioalbum der britischen Rockband Dire Straits. Aufgenommen wurde es 1982, veröffentlicht im September desselben Jahres. (Love Over Gold - Dire Straits / Wikipedia)

Brothers In Arms ist im Gesamten das bessere Album, DAS Mainstream-Album inkl Brothers In Arms, Money For Nothing - aber Love Over Gold hat die 2 besten Songs ever von den Dire Straits: Private Investigations (eine sounddramatische 6:45-Single), Telegraph Road (ein 14:15-Song mit einem Mark Knopfler-Gewitter über das beste Gitarren-Solo ever!! (der Autor)

TRUMP, AUFRÜSTUNG, ZUKUNFT

2025 ist es schon normal über den 3. Weltkrieg! Große Aufrüstung in Europa. Aufrüstung in der VR China. Der russische Kriegstreiber Putin ist da. Und natürlich der neue Diktator US-Präsident Trump! Trump hat keine demokratische Werte, er will egoistisch wie ein König Übermacht und Geld. Trump ist es egal, wenn ukrainische Menschen sterben durch Putin. Trump will ukrainische Bodenschätze. Trump will seinen Deal zwischen Putin und ihm.

Jedesmal bin ich fassungslos über Trump: gestern bei seiner Kongressrede, "störte" einen Gegner mit einer anderen Meinung und ruckzuck sofort rausgeschmissen. In den USA!! Die USA war die Nr 1 des Westens, Freiheit, Kreativität, James Dean, Marilyn Monroe, JFK, Bob Dylan, Bruce Springsteen, Jodie Foster, Barack Obama! Bei Trump hat er nie gelacht, hat kein Charme, Trump ist ein geisteskranker Nazi! Europa ist allein ohne die USA - es sei denn der Pakt durch Trump, Meloni, Le Pen, Orban, AfD... Die Vereinigte nationalistische Staaten in Europa... Aber positiv denken! Aufrüstung in Europa, eine neue Macht, die Neue Weltordnung USA, Europa, VR China, Russland, Indien. Wie die Politiker so drauf sind, dann doch 3. Weltkrieg... Atombomben in den USA, VR China, Russland, Frankreich, Großbritannien, Indien, Pakistan... Diese scheiß Menschen...

C P Gerd Stein Gerd Steinkoenig

6. März 2025

Bruno Liljefors

Foxes and cat, winter landscape, 1881

PLATTENCOVER...

Annweiler am Trifels-"Plattencover" 8. März 2025

Landau in der Pfalz "Plattencover" 11. März 2025

TIERE SPRECHEN TATSÄCHLICH, ABER NUR
ZU DENEN, DIE WISSEN, WIE MAN ZUHÖRT.

Ich WEIß es!! Ich hab meine Bestätigungen... Ich bin ein kleiner Doolittle... Hallo Molly! Hallo Entchen! Hallo hie und da! Mit Menschen... Na ja... Aber mit Tieren! JAAA!!

Im neuen DER SPIEGEL Nr 11, 7.3.2025! Ein zweiseitiges Essay über Kaiserslautern! In K-Town hatte ich ca insgesamt 20 Jahre gewohnt, ca 25 Jahren lebte ich in der Nähe, wo zum Ausgehen oft KL war. Ich wusste schon, das in Westdeutschland nur 2 Städte die meisten AfD-Zweitstimmen bei der BTW-Wahl25 hatten (Gelsenkirchen und eben Kaiserslautern). Das es mittlerweile soo ist in KL, unglaublich! Wer hätte das gedacht von den 1970ern, da waren Jobs (zB Pfaff, Opel, US-Army etc),, aufstrebende Universitätsstadt, Wertheim, Hertie, Kinos, viele Discos und Kneipen (von Smile bis Old Vienna). Jetzt ist der absolute Untergang von K-Town! Gott sei Dank bin ich 2015 umgezogen und habe meine innere Ruhe.

Fotos: vom SPIEGEL (2 Auswahl-Shots)

C P Gerd Stein Gerd Steinkoenig

em echten Ort, den Einwohner so selbstverständlich für sich beanspruchen können wie ich einst Sarajevo. Ich wollte das nicht, weil ich eine neue Heimat für *mich* suchte; wer vom Krieg entwurzelt wurde, bleibt es auch. Ich wollte einen Ort, der für mein Kind eine Heimat sein konnte, und das ist Kaiserslautern; sie lieben ihre Stadt, sie bleiben ihr, dem Verein, der Pfalz ein Leben lang verbunden. Meine Tochter wird hier aufwachsen.

plätze, vor denen Eltern einander warnen, weil es da entweder zu viele Ratten gibt oder man dort zu oft Drogensüchtige antrifft. Ein nächtlicher Spaziergang durch die Innenstadt führte meine Tochter und mich im Oktober gleich an zwei Schlägereien vorbei, Teenager in Sportanzügen, die sich zwischen leeren Red-Bull-Dosen über den Asphalt wälzten, während Umherstehende sie anfeuerten und mit Handys filmten – und an diesem Tag war nicht einmal Fußball.

Straße in Kaiserslautern

Im Elend erstarrt

ESSAY In Kaiserslautern gewann die AfD bei der Bundestagswahl die meisten Zweitstimmen. Kein Wunder, der Leidensdruck ist groß, und die Stadt bietet ihren Einwohnern kaum noch etwas an. Liebenswerte Heimat ist sie trotzdem. *Von Tijan Sila*

Sila, 1981 in Sarajevo geboren, arbeitet als Lehrer und Schriftsteller. 2023 veröffentlichte er den Roman »Radio Sarajevo«, 2004 gewann er den Bachmann-Preis.

Nach einem Jahrzehnt in Heidelberg zogen meine Frau und ich 2012 nach Kaiserslautern. Die Städte ähnelten sich ausschließlich in ihrer Größe, in jeder anderen Hinsicht unterschieden sie sich. Heidelberg war Benjamin Blümchen und Kaiserslautern wie sein vorbestrafter Cousin Uwe Unkraut.

Heidelberg entsprach allen Klischees, die man von der Stadt haben konnte. Touristen überrannten sie, dennoch war es dort gediegen, ein ehrwürdiger Universitätsort, der die außerordentliche Schönheit seines Alters der Jugend schenkte. Die Stadt hatte ein dichtes Netz öffentlicher Verkehrsmittel, Busse und Straßenbahnen, die alle zehn Minuten fuhren. Als ich 2001 zum Studium nach Heidelberg kam, besaß ich keinen Führerschein – dass ich ihn erst zehn Jahre später und eher aus Verlegenheit denn aus Not machte, lag daran, dass ich in einer Stadt lebte, die mir die Freiheit vom Auto erlaubte. Überhaupt tat Heidelberg viel für seine Bürgerinnen und Bürger, insbesondere für Kin-

Weltwirtschaftskrise, aufgeben müssen), und die Stadt hatte ein derartiges Problem mit Unrat und Ratten, dass ich mich an meine Kindheit im sterbenden Jugoslawien erinnerte.

Noch etwas trug zu diesem Eindruck bei: Wie damals, im Sarajevo der Achtzigerjahre, bestimmten auch in Kaiserslautern Fußballspiele den Rhythmus des Stadtlebens, ließen den Verkehr erstarren, füllten die Straßen mit gepanzerten Polizisten und Wasserwerfern, sorgten für einen heiseren Karneval, bei dem Horden Betrunkener sich auf offener Straße erleichterten oder prügelten. Die Kaiserslauterer Schule, in der ich 2013 meinen Dienst als Lehrer antrat, war derart heruntergekommen, dass in manchen Klassenräumen Fledermäuse nisteten. Manchmal hingen sie von der Decke, öfter schliefen sie versteckt in den Falten der ausgescheuerten Polyestergardinen; zog man diese auf, kullerten flaumige Trauben zusammengekuschelter Fledermausfamilien aufs Fensterbrett. In solch einem Gebäude unter-

zwar der Größe nach eine Stadt, allerdings im besten Sinne dörflich. Wenige Tage nach unserem Umzug, als ich mit zwei Farbeimern vom Baumarkt nach Hause lief, hielt ein langer, beigefarbener Opel neben mir. Das Fenster glitt herab, und ein Pensionär mit Schiebermütze fragte mich, wohin ich müsse.

»Ich fahr in die Richtung«, sagte er, nachdem ich ihm die Straße genannt hatte. »Soll ich Sie mitnehmen? Sie tragen sich noch kaputt.«

Ich stieg ein, stutzte aber. Dass Fremde einem Hilfe anboten, war in Deutschland selten, und ich tat es dieser Mann mit einer Unbefangenheit, als wäre es selbstverständlich.

»Und wie gefällt Ihnen unsere Stadt so weit?«, fragte er mich, nachdem ich ihm erzählt hatte, dass wir neu in Kaiserslautern waren.

»Ganz gut«, log ich. »Schöne Stadt. Nette Menschen.«

»Nicht alle«, sagte er entschieden, doch meine Erfahrung zeigte mir im Laufe der nächsten Jahre: die allermeisten. Man half uns, wann immer wir Hilfe brauchten, bei

KLEINE AUSWAHL AUS MEINER CD-SAMMLUNG TEIL 1 (12. März 2025)

KLEINE AUSWAHL AUS MEINER CD-SAMMLUNG TEIL 2 (13. März 2025)

Vor 40 Jahren erschien ihr letztes Album: wie The Police zur größten Band der Welt wurden - und dann verschwanden (Synchronicity - The Police / Überschrift im Rolling Stone März 2024)

der Autor: bei mir war The Police meine größte Band der Welt!! Genesis war und ist meine Lieblingsband - aber bei The Police war ich ca 1980 - 1985 waren Sting, Stewart Copeland, Andy Summers meine Sound-Helden!!

aus dem Rolling Stone August 2024 (Überschriften)

70 Jahre POP - eine Revolition und sieben Ikonen

Die 50er - Elvis Presley und die Befreiung des Körpers

Die 60er - Die Beatles und die Befreiung der Jugend aus der Unmündigkeit

Die 70er - Queen und der Einzug der Rockmusik in die Stadien

Die 80er - Madonna und die Video-Revolution

Die 90er - Tupac Shakur und die Weltherrschaft des HipHop

Die 00er - Der iPod und die digitale Revolution

Die 10er - Taylor Swift und Pop in den sozialen Medien

Und jetzt? Künstliche Intelligenz als künstlerisches Mittel?

der Autor: Zäsur 2025 nicht nur NWO, Trump und Co, sondern auch die Künstliche Intelligenz! Irgendwann braucht man keine menschlichen Komponisten, nur noch uniformierte KI...

Titelliste

Like a Prayer (Leonard, Madonna) – 5:39

Express Yourself (Bray, Madonna) – 4:37

Love Song (Madonna, Prince) – 4:52

Till Death Do Us Part (Leonard, Madonna) – 5:16

Promise to Try (Leonard, Madonna) – 3:36

Cherish (Leonard, Madonna) – 5:03

Dear Jessie (Leonard, Madonna) – 4:20

Oh Father (Leonard, Madonna) – 4:57

Keep It Together (Bray, Madonna) – 5:03

Pray for Spanish Eyes (Leonard, Madonna) – 5:15

Act of Contrition (Madonna) – 2:19

(Wikipedia, aus dem Album Like A Prayer - Madonna)

der Autor: für mich das beste Album von Madonna!! Dear Jessie ist Pop-Song de Luxe!!

Moving Pictures ist das achte Studioalbum der kanadischen Rockband Rush. Es wurde am 12. Februar 1981[2] unter dem Label Anthem Records veröffentlicht. Es gilt als eines der besten und erfolgreichsten Alben der Band. (Wikipedia)

BLOOD ON THE ROOFTOPS LYRICS ÜBERSETZUNG (GENESIS 1976)

Dunkel und grau, ein englischer Film, das Mittwochs-Schauspiel.

Wir schauen immer die Königin am Weihnachtstag.

Bleibst du nicht?

Obwohl unsere Augen gekenterte Seeleute sehen, bist du noch immer trocken.

Der Wetterbericht ist gut, obwohl es in Wales regnen könnte.

Wieder mal gerettet.

Überspringen wir die Nachrichten, Leute (ich mache uns einen Tee)

Die Araber und Juden, Leute (Zu viel für mich)

Sie verwirren mich, Leute (hat mich schlafen geschickt)

Und das, was ich hasse - Oh Gott!

Ist bis spät in die Nacht wach zu bleiben, eine Diskussion anzuschauen, über das Schicksal irgendeiner Nation.

Hypnotisiert von Batman, Tarzan, noch immer überrascht.

Du hast den Westen rechtzeitig gewonnen, um unser Gast zu sein -

Wähle deinen Preis!

Ein Tropfen Wein, ein Glas Bier, mein Schatz, wie spät ist es?

Der Schmutz auf dem Tyne ist mein, alles mein, alles mein, ...

Fünf nach neun.

Blut auf den Dachgiebeln - Venedig im Frühling

Die Straßen von San Francisco - ein Wort aus Peking

Den Ärger hat - ein junger Errol Flynn angefangen

Besser zu meiner Zeit - Oh Gott!

Wenn wir uns langweilen, haben wir einen Weltkrieg, glücklich aber arm.

Also überspringen wir die Nachrichten, Leute (Ich mache uns einen Tee)

Blut auf den Dachgiebeln (Zu viel für mich)

Wenn die Alte Mutter Gans anhält - sie sind raus bei 23,

dann beendete der Regen in Lord's das Spiel.

Scheint so, als ob Helena von Troja ein neues Gesicht gefunden habe.

der Autor: viele Anspielungen, Gleichnisse, Hommagen, Sugessionen, Vergleiche, in EINEM
Song-Text! Siehe z.B. dazu beim Genesis-Sonderheft von "Classic Rock" mit allen Text-
Erklärungen über Blood On The Rooftops! (aus dem Album Wind and Wuthering)

A DAY IN THE LIFE LYRICS ÜBERSETZUNG (THE BEATLES 1967) aus: "Sgt Pepper..."

Ich las heute die Zeitung , oh Junge,

über einen Mann , der den Erfolg hatte.

Und doch war die Nachricht ziemlich traurig.

Nun , ich mußte einfach lachen,

als ich das Photo sah.

Er hauchte seine Seele in einem Auto aus,

er bemerkte nicht , daß die Ampel gewechselt hatte.

Eine Menge Leute standen da und starrten,

sie hatten sein Gesicht schon einmal gesehen.

Doch niemand war sich sicher,

ob er nicht aus dem ‚Haus der Lords‘ war.

Ich sah heute einen Film , oh Junge,

die Englische Armee hat soeben den Krieg gewonnen.

Eine Menge Leute schalteten weg,

aber ich war dabei , hatte ich doch das Buch gelesen.

Ich möchte euch gerne anknipsen.

Wachte auf , fiel aus dem Bett,

zog den Kamm über meinen Kopf.

Fand den Weg nach unten und trank ne Tasse,

schaute auf und merkte daß ich zu spät war.

Fand meinen Mantel und schnappte den Hut,

erwischte den Bus grad noch.

Fand den Weg nach oben und rauchte eine,

jemand sprach und ich fiel in einen Traum.

Ahhh

Ich las heute die Zeitung , oh Junge,

4000 Schlaglöcher in Blackburn , Lancashire.

Und obwohl die Löcher ziemlich klein waren,

mußten sie sie alle zählen.

Nun wissen sie , wieviele Löcher man benötigt,

um die ‚Royal Albert Hall' zu füllen.

Ich möchte euch gerne anmachen.

Writer(s): Lennon John Winston, Mccartney Paul James Lyrics powered by
www.musixmatch.com

Zum Original Songtext von A Day In The Life

Höre "A Day In The Life"

auf Amazon Music Unlimited (ad)

Auf Facebook teilen   An Freund senden

zuletzt bearbeitet von Thomas (Mugel) am 22. Oktober 2009, 14:39

Songtext lizenziert von musiXmatch

Time

Pink Floyd

Englisch → Deutsch

https://lyricstranslate.com/de/time-zeit.html-3

Komplett zu lesen bei meinem ersten Buch Blood On The Rooftops (Januar 2017) über den
Song TIME von Pink Floyd aus der Dark Side Of The Moon! In der Handelsschule kam
kurzzeitig ein Aushilfs-Englischlehrer, hatte einen Plattenspieler und spielte diese LP und wir

sollten TIME hören und es wurde diskutiert über den Songtext und hatten sogar für jeden die Deutsche Übersetzung. Noch heute ist dieser ZEIT-Text über die Zeit DER Text!! Ich kannte Pink Floyd damals nicht und bei diesem Sound gleich WOOOW!! Die Hälfte (!) der Klasse ging ins Werheim und kauften diese LP The Dark Side Of THe Moon. Immer noch ist diese Album meine absolute Nr 1!! Tja, das waren Zeiten über die 70er Jahre-Schulen...

UDO LINDENBERG
UDOPIUM - DAS BESTE
2 CD
QUICKSILVER
MESSENGER SERVICE
AT THE KABUKI THEATRE
THE NEW YEAR'S EVE COSTUME BALL
31 DECEMBER 1970
CHARLY

NOCHMAL 3 PLATTENCOVERS...

MEIN EIGENES ALBUM... TEIL 2

ABSCHLUSS-ALBUM nach 77 ISBN-Books von Gerd Steinkoenig!

Ihr könnt hören und genießen und chillen bei Streaming-Dienste oder Youtube!

Alle 16 Songs sind in diesem Buch dabei in der großen Albenliste!

Clocks (Coldplay 2002)

Helter Skelter (The Beatles 1968)

Us And Them (Pink Floyd 1973)

Mad Man Moon (Genesis 1976)

Cowboy Rocker (Udo Lindenberg 1974)

Der Spinner (Nina Hagen Band 1978)

Telegraph Road (Dire Straits 1982)

Who Are You (The Who 1978)

Bohemian Rhapsody (Queen 1975)

Hotel California (Eagles 1976)

Vincent Price (Deep Purple 2013)

Going To California (Led Zeppelin 1971)

Old Man (Neil Young 1972)

Wuthering Heights (Kate Bush 1978)

Heroes (David Bowie 1977)

Every Little Thing She Does Is Magic (The Police 1981)

Foto: der Autor, Rolling Stone Februar 2025

C P Gerd Stein Gerd Steinkoenig 13. März 2025

LED ZEPPELIN – IHR BESTES ALBUM, IHR GRÖSSTER EXZESS
RollingStone
GERMANY
THE CURE,
ARCTIC MONKEYS,
DEEP PURPLE
Schlagzeuger
zeigen uns ihren
Arbeitsplatz
MUSIKERINNEN
AUS DEM IRAN
Wo weibliche
Stimmen ein
Verbrechen sind
LARKIN POE
Zwei Schwestern
auf dem Weg in den
Americana-Olymp
UND MEHR!
Sharon Van Etten
Tocotronic
Bonnie „Prince" Billy
Cyndi Lauper
FKA twigs
Robert Wyatt
UNTERWEGS MIT
COLDPLAY
Kritiker sind ihm egal!
Chris Martin schwimmt sich frei
DIE REPORTAGE, DAS INTERVIEW

FAMOUS LAST WORDS (frei nach Supertramp...)

ONLY MUSIC!! In der erweitereten Ausgabe war trotzdem paralell mit Lyrics, Bilder, Fotos über die Zeitenwende - und wie es am Anfang steht: ...bis 2025... Denn: Zeitenwende, NWO, Trump...

Es war Step by Step - erst im 3. Buch ist es einigermaßen komplett! Und ALLE 3 Bücher sind gut und im Endeffekt komplett... Kommt bei allen 3 Books drauf an! Mein perfektestes Buch nach all den Wochen, Überlegungen, Schreiberei, Ideen etc.

Ich behaupte einfach mal: mit DIESEN Alben in diesem Buch kann ich in all meinen Leben immer hören, genießen, fühlen, chillen, wippen, tanzen, lieben...

C Gerd Steinkoenig 13. März 2025

DANKE FÜR MEINE GUTE ALTE SEELE AN Genesis, The Beatles, Pink Floyd, Kate Bush, Neil Young, The Police, Deep Purple, Led Zeppelin, Sade, David Bowie, Chic, Bee Gees...

Verlag: BoD · Books on Demand GmbH, Überseering 33, 22297 Hamburg, bod@bod.de
Druck: Libri Plureos GmbH, Friedensallee 273, 22763 Hamburg
ISBN: 978-3-8192-0659-7